特许经营精品丛书

选址学概论

单店选址理论与实务

XUANZHIXUE GAILUN

DANDIAN XUANZHI LILUN YU SHIWU

李维华 著

企业管理出版社
ENTERPRISE MANAGEMENT PUBLISHING HOUSE

图书在版编目（CIP）数据

选址学概论：单店选址理论与实务 / 李维华著. —
北京：企业管理出版社，2021.1（2025.8重印）

ISBN 978-7-5164-2271-7

Ⅰ.①选…　Ⅱ.①李…　Ⅲ.①商店—选址—研究
Ⅳ.①F717

中国版本图书馆CIP数据核字(2020)第200203号

书　　名：选址学概论：单店选址理论与实务
作　　者：李维华
责任编辑：于湘怡
书　　号：ISBN 978-7-5164-2271-7
出版发行：企业管理出版社
地　　址：北京市海淀区紫竹院南路 17 号　　**邮编**：100048
网　　址：http://www.emph.cn
电　　话：编辑部（010）68701661　发行部（010）68701816
电子信箱：1502219688@qq.com
印　　刷：北京亿友数字印刷有限公司
经　　销：新华书店
规　　格：700 毫米 × 1000 毫米　16 开本　11.75 印张　174 千字
版　　次：2021 年 1 月 第 1 版　2025 年 8 月 第 3 次印刷
定　　价：48.00 元

丛书序

让大家听得到、看得到、用得到的特许经营思想

起初我是不打算写序言的，因为我想直接向读者奉献关于特许经营的知识和实战技法的干货。

然而，我最终还是决定给2021年年初出版的这5本关于特许经营的书写个序言，毕竟还是有很多话要向读者说。

随着时代的发展以及特许经营理论研究和实践探索上的不断深入和扩展，特许经营这门学科的内容也在不断完善，本次出版的这5本书囊括了我奉献给读者的系统、前沿、科学、实战、全面的特许经营知识。

《特许经营学：理论与实务全面精讲》这本书早在2003年就作为大学教材出版了，当时的书名是《特许经营概论》。出版之后，我从未停止对这本书的更新：2005年出版《特许经营理论与实务》；2009年出版《特许经营学》。到现在，2021年出版的《特许经营学：理论与实务全面精讲》又将和读者见面了。

关于招商的知识，最为严重的问题之一就是碎片化，即缺少相关全面化的系统性知识，这不得不说是特许经营学科招商分支理论的缺憾和漏洞。招

商人因而不得不一直奋斗在对招商知识和实战技法完整性的不断寻求中，这显然已经严重影响了特许经营企业的发展。在这次出版的《招商理论与实务全攻略》一书中，我努力弥补这个空白，力求完整、全面分析研究招商的理论与实务，形成独立且完整的知识系统和实战技法策略。

《成功构建特许经营体系五步法》一书的成型基于两种积累。一是我把做顾问咨询与实践过程中遇到的问题、难点或障碍等都作为必须要攻克的课题，然后用科研的方式给出理论上的解决方案；二是在形成理论上的解决方案之后，又把它们放到实践中反复检验直到确认有效。当然，这样的研究方法会占用较长的时间，但是，基于实践的研究是我的不可打破的底线。这本书中的步骤、模板、技巧、技法、工具等，都是经过反复验证的经验成果。

《选址学概论：单店选址理论与实务》这本书也是在我多次独立选址或参与选址的基础上对实战技法进行提炼和提升，并与理论有机融合的成果。实战和理论兼备的内容，才是真正值得学习的。这本书的一个显著特点是在传统的定性选址分析之外，在选址的定量分析上花了不小篇幅，其中很多表格、算法、模型都可以直接作为科学选址的工具。

《特许经营新思维》的介绍和来龙去脉，大家可以去阅读那本书的序言，此处就不赘言了。

我自1998年就产生的使命感一直督促着我去构建完整的特许经营学科的知识体系，我每时每刻都在尽己所能去做特许经营学科的修补和完善，为我早年提出的特许经营学科这座大厦添砖加瓦。

不断完善、增加内容，对完美的追求使我始终不敢、不愿意出版更新的书，我觉得要研究的内容太多，我一直在更新、更新、更新，也一直在等待一个最合适的时机。

2020年特殊的几个月里，我集中精力把之前零散的研究成果、碎片的笔记、特许经营学急需解决的系列问题、多年的心得体会和搜集的案例分析等做了全面、系统、科学化的梳理。那段日子，我完全颠倒了白天与黑夜，坚持每天写作至少12个小时，经常半夜一个人点灯熬油地研究和创作，或者在某个早晨因为一个灵感就爬起来码字。然而，一想到读者可以获得更好、更全、更新的特许经营知识，我就觉得辛苦也是一种人生的快乐。

梳理的过程是非常辛苦的，比如为了让知识和案例尽可能全面覆盖行业、品牌、成败、新老、国内外、大小、古今、宏观战略和操作细节、理论与实战、定性和定量、模板、逻辑、特色与融合等方方面面，我不得不花费大量的时间和精力去搜索和研究海量信息。我经常针对某一个企业的案例去研读几十上百篇文章，到不同店里去实际消费、体验和研究，去和相关经营者、管理者、员工、消费者、供应商交流，当然还有在我的顾问咨询项目里做实验。

本着内容必须精练、不说废话的原则，我一直在对书稿内容进行核心化加工整理。书中的某个案例分析、某个知识点讲解、某个观点，可能呈现出来只有几十个字，但这却是我从大量的研究资料、多年的店内体验中思索提炼出的精华。书中的一个普通数据，也都有可能是我多渠道获得，并反复校正的结果。至于那些首次公开的模型、公式、算法、工具等则是我的最新研究成果，全部都是仔细推敲并实际验证有效的成果。

为了读者能够应用书中的知识去实践，我还把20多年来的顾问咨询工作中积累的大量模板，包括目录、表格、文案、示意图、流程、手册等都收录于书中。我不担心被抄袭，相反，我希望大家能够积极主动地运用它们，因为知识的价值之一在于分享。以后我依然会持续研发更多、更新、更好的内容，这是没人能抄袭的。

还有，就像我一直讲的，我力图在讲解知识的同时，传达更多思想、方法和智慧，因为知识有专业划分，但思想、方法和智慧却是相通的。

这5本书只是我的又一个阶段性的成果，在特许经营领域，我还会初心不改，持续更新，也希望大家继续关注特许经营。

我要感谢我曾经和未来的所有读者、客户、学生、维华商创的同事、合作伙伴，以及书中所引用内容的作者们，是他们给了我很多灵感、启发或研究的方向。

感谢企业管理出版社的朋友们，是他们的信任和支持才使这5本书面世。

还要特别感谢我的最爱，也就是我的女儿，自从有了她，我生命的每一天都是春天，充满阳光，在我疲劳的时候，女儿的笑容总能让我能量满满。

最后，我坚信所有的读者朋友都能从书中有所收获。让我们一起努力，用特许经营的思维和智慧，用中国特许经营思想去实现我们的价值、事业和梦想。

李维华

2020年10月14日于北京

目 录

第 1 章　选址的定义与分类

1.1 选址的定义

顾名思义，“选”是挑选、选择的意思；“址”字在古文中同“阯”。《汉书·郊祀志》注曰：阯者，山之基足。选址的本意为地基、基部，后来又衍生为地址、处所之意，即从纯粹的地基之意延伸到指其上的建筑物。

综合“选”“址”二字含义，我们就知道，选址指的就是选择一个处所，该处所可以有建筑物，也可以是没有任何建筑物的地理位置。

商业开店所谈论的“选址”，其“址”一般同时包括地理位置和其上的建筑物，而不单指哪一个方面。

1.2 选址的分类

按照不同的划分标准，选址有不同的类型。

1. 按照所要选择的地址的用途，选址可分为商业选址、工业选址、办公室选址、学校选址等，所选择的地址将分别被用作商业、工业、办公室和学校等。本书所阐述的主要是商业选址，聚焦于商业的零售终端或单店选址。

2. 按照选择时主要考虑的对象，选址可以分为建筑物选址、地理位置选址和综合性选址。建筑物选址主要考虑选择对象建筑物本身的结构、性能等方面；地理位置选址主要考虑选择对象地址的地理位置；综合性选址则既考虑建筑物本身，也考虑地理位置。通常所指的选址是综合性选址。

3. 按照选择的地址的数量，可分为单店选址、多店选址。单店选址只是针对一处单店选址；多店选址指同时为一组单店选址。

4. 按照选址者的身份，可分为自己选址和委托选址两种基本形式。自己选址指地址需求者或使用者亲自选址；委托选址指地址需求者或使用者委托其他人或组织来代自己选址，受委托者可以是专业的中介组织或个人，也可以是非专业的组织或个人。

5. 按照所要选择的地址本身的意义，可分为战略性选址和战术性选址。战略性选址指该处地址的选择对选址者的整体经营运作有重大的战略意义，而不纯粹是开设一家单店，比如该店是区域样板店、旗舰店，或是进入某区域的“桥头堡”，这样的店对选址者而言并不一定是以营利为最高目的的。战术性选址指一般意义上的选址，亦即该地址只是选址者的一家普通意义上的单店，通常建设该店的目的或意义就是为选址者赚取利润或是作为一个单店网点。

第 2 章　选址的意义及店址特性

2.1 选址的意义

单店是现代商业“坐商”的经营必备，指位于一定建筑空间内的产品销售和（或）服务提供的综合体，由可见的实体部分和不可见的软件部分组成。可见实体部分包括单店的地址（地理位置和其上的建筑物）、产品、机器、设备、工具、摆设等单店内所有可见物体；软件部分指单店的理念、氛围、制度、服务、经营、管理等无形的东西。

在单店的组成部分中，地址对单店而言意义重大。不管是营销学上经典的“4P”（product–产品，price–价格，地点或渠道–place，promotion–促销），还是零售业和服务业开店者高度推崇的开店成功的最重要因素“3L”（location–位置，location–位置，location–位置）或“3P”（place–地点，place–地点，place–地点），“好的选址等于成功的一半”等观点，说的都是地址对单店成功经营的关键决定作用。

2.2 店址特性

现代商业之所以强调店址的重要性，是因为店址具有如下特性。

1. 位置的不可变性。在单店的各组成部分中，无形部分可以改变，有形部分中的产品、设备、布局等，甚至建筑物都可以改变，但地理位置却是不可改变的。地理位置是店址不可分割的一部分。店址的不可变性就决定了企业必须慎重选址，否则损失是很难挽回的。一旦选择了一处优秀的地理位置，单店获得相应收益的概率自然会较大。

2. 大投资性。店铺的租金或购买价占单店投资的相当大比例，有时甚至超过单店初期总投资的一半，所以无论是从节约投资上考虑，还是从日后运营的成本控制上考虑，企业都必须重视店址的选择，以最大限度确保投资成功。

3. 对经营的基础决定性。古语云“天时，地利，人和”，说明人们在做一件事情时，成功的概率和成功的大小取决于“天、地、人”3个方面的因素。对单店而言，“地利”说的就是地址的优势。一处好的店址对于经营的效果事半功倍，否则就事倍功半。如果单店整体经营像盖一座大厦，那么地址就是这个大厦的地基，显然，地基的好坏往往决定大厦的高度和牢固度。同时，店址是单店确定经营目标和制订经营策略的重要依据，不同的地区有不同的社会环境、人口状况、地理环境、交通条件、市政规划等特点，它们共同制约着该地区的单店顾客来源和特点，以及单店对商品、价格、营销、装修等策略的选择。

4. 不可模仿和复制。在市场经济时代，模仿和复制正变得越来越容易，今天刚开发出新的服务模式或产品，明天就可能有竞争对手模仿出来。但两处完全相同的地址几乎是不可能存在的，不可模仿和复制决定了地址可以成为单店的核心竞争力之一。

5. 稀缺性。第一，店址本身的数量有限，因为店址的开发不是一朝一夕的事，要受到资金、城市或乡镇建设规划等条件的约束。第二，一处店址一旦租售出去，就会在很长一段时间内处于被某人或机构唯一使用的状态，该地址资源不能供多个需求方同时使用。第三，就经济大环境而言，具有较高商业价值的店址的总需求量远远大于总供应量，单店地址，尤其是合适的单店地址已成为稀缺资源。也正因此，市场上才有专门做商铺投资的人群出现。

6. 排他性。排他性指某处地址只能归属一个单店来经营，只能由有限个所有者或经营者独占，而不能由多方共享。排他性决定了单店选址是充满竞争的。

第 3 章　店址的功能与类型

3.1 店址的功能

要正确、科学地选址，必须要明确店址的功能，然后按照功能设计的要求去选址。虽然不同单店的店址功能各不相同，但总体来说，单店店址的主要功能不外乎如下几类。

1. 展示商品。

绝大部分单店的店址都设计了这一功能，即将单店作为企业展示其商品的场所。在既定的空间里展示既定的商品技术——陈列，已经成了一项专门的学问。典型的具备此功能的店包括服装店、书店、便利店、珠宝店、商场、超市或其他产品零售店，以及提供设备、工具等出租的单店。

具备此功能的店址应具备合适的商品展示空间和良好的可视性。

2. 进行交易。

大多数单店都是经营者和顾客的交易场所，因此，单店里惯常配备交易的必需人员、设备与工具等，包括营业员、收银机、货品袋等。

具备此功能的店址要专门划出收款的区域。

提供服务的单店，其店址的重要功能之一就是作为为顾客提供服务的场所。典型的具备此功能的店包括理发店、美容院、保健按摩店、旅馆、餐饮店、照相馆、健身馆等。

具备此功能的店址应具有合适的空间以及一些其他条件，比如因为顾客在店内消费，所以店内的温度、声音、亮度等要适合。同时，因为顾客在店内消费，而单店的面积是有限的，所以这种类型的单店要解决好顾客消费的等位问题。

3. 洽谈业务。

部分单店更主要的功能是交易双方洽谈业务而并非进行实际交易或提供实际服务，比如需要上门服务或在店外提供服务的单店（房屋清洁、家政、装修、车辆租赁等）。

具备此功能的店址一般不需要很大的面积，但要注意单店的形象，因为这会影响洽谈业务的顾客的最终消费决定。

4. 库存。

有的单店可能只作为展示、服务和交易的场所，有的单店同时还有仓库的作用。随着大型仓储超市的出现，单店和仓库已经融为一体，二者有时并不能严格地区分开。

具备此功能的店址应具有足够的存储空间和存储条件，通常，具有库存功能的单店面积较大。

5. 广告宣传。

单店店址在广告宣传上的作用正受到越来越多的重视，店头广告、店内外POP、橱窗等正逐渐成为单店重点开发的广告宣传资源。

实际上，一些大型连锁企业，因其人流量巨大，已成为一种新的媒体资源。比如赛百味在全球有4.4万家店，假设平均每家店门口每天路过3000人，则每天从赛百味所有店门口路过的人一共约有1.3亿。由此可见，如能得到恰当运作，连锁企业的媒体性作用将非常巨大。

因此，连锁企业可以考虑在一些人流量特别大的地方开店，即使营利较少甚至稍微亏损，如果其在广告宣传上的回报能冲抵减少的营利或补足亏损，那么这样的选址还是有益的。

常见的广告宣传效果特别好的店面地址包括火车站、机场、城市的商业中心、城市的主干道、旅游景点等。

当然，连锁企业的媒体性功能也可以作为其营利手段之一，比如可以作为媒体资源出售广告位、可以作为自己招商的手段，等等。

6. 展示形象。

单店作为面向社会大众或消费者的一扇窗户，是经营者展示自己形象的重要阵地。

因为是展示企业的形象，所以地段的选择、单店的内外装修、人员的配备、服务的质量等单店的硬件和软件条件都应成为经营者关注的重点。

比如，刚进入某地区的旗舰店，或者在自己的总部生产基地附近开设的店面，其主要功能也许不是销售、营利，而是进行企业的形象展示。

7. 加工制造。

对在店内现场制作商品并出售的单店而言，店址的重要功能之一就是作为商品的加工制造车间。典型的具备此功能的店包括裁缝店、餐饮店、汽车美容店、洗衣店、修理店、糕点店、复印店等。

具备此功能的店应规划出专门的加工制造区域，此区域可以开放展示给顾客（如餐饮店的后厨）以增加顾客的信任度，当然也可以采用封闭的方式。

8. 给消费者体验。

消费者在店内的看、听、闻、摸、联想等感受可以增加其对产品或服务的理解，增加购买可能性，店家也可以更好地展示产品或服务的优点或特殊性能给顾客。

这是线上店不具备的优势。宜家创始人英格瓦·坎普拉德认为，“网页上可以做买卖，但会减少来店的客人，这样便会失去一些额外的生意，比如有些商品是顾客随手挑拣的，并不一定是他们需要的东西。”

9. 给消费者“跑了和尚跑不了庙”的安全感。

俗话说“眼见为实”，所以，不管是基于传统实体店带来的踏实感与信任感，还是由于实体店能更方便、更低成本地找到经营者，实体店的合法性更强，实体店最起码有房子、设备、产品等可做抵押或补偿，实体店可以当场购买、当场验证产品或服务，实体店对于消费者的安全感比虚拟店更强。

10. “圈地”。

因为城市的既有商圈通常都有有限的店址数量或保有量，相当长的时期内不可能再有大的增量，所以选址不及时就可能没有进入此商圈的机会了。

11. 阻挡竞争者。

比如，很多地方会规定一定直线距离之内只能开设一家药店，如此，只要一家药店选定了某地址，则其周边一定距离内便不可以再开设药店了，由此便形成对竞争者的最佳阻挡。

一些大型购物中心、商超、游乐园、商业街等也会规定其店中店的配置，先行进入的店面自然也会形成对竞争者的阻挡。

12. 从店址本身营利。

比如，麦当劳会在世界各地的黄金地段购买或租赁商铺，受许人加盟麦当劳时，必须从麦当劳的这些商铺中转租，如此，商铺不断上涨的租金自然就落入了特许人的腰包。

当然，单店经营者也可以自己购买商铺，如此，既可以避免房租不断上涨的问题，也可以在适当时候转租或销售商铺以获利。

13. 接受支付。

单店可以直接接受各种形式的支付，线上店则受到限制，比如线上店不能或很难接受现金、刷卡等支付方式。

14. 售后服务。

优衣库在中国市场的店面承担了多种功能，很好地把线上线下结合起来。在优衣库线上店购买服装的消费者，可以在线下的任何一家当地或异地的实体店试穿、自提、换货、改装、外送等。店面对用户推出“免费改、轻松换”的售后增值服务，消费者可以在当地或异地的门店中享受修改裤长、同类商品换颜色或尺寸，以及试装等服务。如此，优衣库的实体店在销售场所之外，又同时是前置仓、体验店、售后服务中心。

15. 其他。

比如，有的单店还有测试市场、培训员工、提供员工住宿、作为物流中转站或提货点（比如一些直销企业的单店）、作为经营者的办事处或联络点等功能。

每一个具体的单店可能具备上述功能的某几种，也可能不具备上述功能的某几种。

另外，不同单店的主要功能是不一样的，比如连锁体系的样板店、旗舰店，其展示形象的功能可能会比进行交易的功能更重要；某些直销企业的单店则更强调库存和展示商品的功能。

3.2 店面线上线下业务融合取舍“维华计算表”

不管时代如何变化，即使出现了直销、微商、网店等模式，店面的大部分功能依旧存在，只是这些功能的实现形式、方法、成本费用、主次地位等会与时俱进地改变。

毫无疑问，以信息技术为依托的网店和传统的实体店的未来主流趋势一定是线上线下的融合。如何实现有效、有机的融合呢？最好的办法之一就是从店址的功能上下手。主要步骤如下。

第一步，把店面功能全部罗列出来。

第二步，针对每种功能，罗列线上线下模式“比较项目”。如表3–1所示。

每种功能的“比较项目”均可能不同。表3–1只是示例，在单店的实际操作中，需要根据单店的实际情况进行罗列。

“比较项目”包括成本费用、实施容易性、销售量、岗位人才是否好招聘、消费者喜好等。

第三步，以能更好地实现功能为原则，对照“比较项目”分别给线上线下的模式打分。

第四步，针对每种功能，给“比较项目”赋予权重。

每种功能的“比较项目”的权重均可能不同。表3–1只是示例，在单店的实际操作中，需要根据单店的实际情况赋予权重。

第五步，计算每种功能线上线下模式的加权平均分。

第六步，选择功能的实现方式。通常，功能的高加权平均分所对应的模式更适合。

第七步，确定每个功能的线上或线下模式，店面的线上线下业务就融合完成了。

表3-1　店面线上线下业务融合取舍“维华计算表”

序号	功能	比较项目	权重	线上模式的分数	线下模式的分数	备注
1	展示商品	节省成本费用	0.1	10	5	
2		实施更容易	0.3	6	6	
3		消费者更方便	0.3	8	4	
4		岗位更好招聘	0.1	8	5	
5		消费者更喜欢	0.2	9	7	
6		小计	1	41	27	
7		更适合的模式（打√）		√		
8	进行交易	节省成本费用				
9		实施更容易				
10		消费者更喜欢				
11		便于激发更多交易				
12		小计				
13		更适合的模式（打√）				
14	洽谈业务	节省成本费用				
15		成交率更高				
16		消费者更喜欢				
17		小计				
18		更适合的模式（打√）				
19	库存	节省成本费用				线上店可以在偏远的地方建立仓库，或直接下单给工厂，自己不设立仓库，所以成本更低、可容纳量更大，但安全性不够，因为工厂一旦缺货，商家又无存货，就会供货不足
20		更安全				
21		能容纳更多商品				
22		管理更方便				
23		小计				
24		更适合的模式（打√）				

续表

序号	功能	比较项目	权重	线上模式的分数	线下模式的分数	备注
25	广告宣传	节省成本费用				
26		更多样性				
27		更换广告更容易				
28		广告受众更广				
29		小计				
30		更适合的模式（打√）				
31	展示形象	节省成本费用				
32		更多样性				
33		受众更广				
34		更生动				
35		小计				
36		更适合的模式（打√）				
37	加工制造	节省成本费用				
38		更安全				
39		便于管理				
40		新鲜或即时性				
41		小计				
42		更适合的模式（打√）				
43	给消费者体验	节省成本费用				
44		时间更快				
45		方便消费者				
46		小计				
47		更适合的模式（打√）				
48	给消费者安全感	便于找到经营者				
49		有物品可以抵押				
50		更合法				
51		索赔的可能性高				
52		小计				
53		更适合的模式（打√）				

续表

序号	功能	比较项目	权重	线上模式的分数	线下模式的分数	备注
54	“圈地”	节省成本费用				
55		地址资源更稀缺				
56		小计				
57		更适合的模式（打√）				
58	阻挡竞争者	节省成本费用				
59		地址排他性更强				
60		地址资源更稀缺				
61		小计				
62		更适合的模式（打√）				
63	从店址本身盈利	节省成本费用				
64		店址升值空间大				
65		便于未来转租或销售				
66		小计				
67		更适合的模式（打√）				
68	支付	节省成本费用				
69		排队时间更少				
70		更方便				找零钱、记账、统计等
71		更多样性				现金、刷卡、微信、支付宝等均可
72		小计				
73		更适合的模式（打√）				
74	测试市场	节省成本费用				
75		市场更好掌控				
76		市场更具有代表性				
77		小计				
78		更适合的模式（打√）				
79	培训员工	节省成本费用				
80		培训形式多样性				
81		面对面现场示范更好				
82		便于纪律培训				

续表

序号	功能	比较项目	权重	线上模式的分数	线下模式的分数	备注
83	培训员工	小计				
84		更适合的模式（打√）				
85	提供员工住宿	节省成本费用				
86		店舍一体化更容易				
87		便于统一管理				
88		住地与店址距离更近				
89		安全性更好				
90		小计				
91		更适合的模式（打√）				
92	物流中转站或提货点	节省成本费用				
93		即时提货				
94		有存储空间				
95		距离消费者更近				
96		安全性				
97		小计				
98		更适合的模式（打√）				
99	办事处或联络点	节省成本费用				
100		方便办事或联络				
101		有实际物理空间				
102		小计				
103		更适合的模式（打√）			√	

3.3 店址类型

按照不同的分类标准，可以对单店店址的类型进行划分。要注意的是，分类本身不是目的，真正的目的在于通过对单店店址的分类，更深入地认识和掌握单店店址的特性。下面列举几种常见的单店店址分类方式。

3.3.1 按店址独立性分类

1. 独立店。通常指拥有自己的独立地址、名称、营业执照和独立建筑物空间的单店。与专柜型店、店中店通常都是租赁的情形不同，独立店既可租赁，也可购买。

独立店的面积可以很大，可用于销售大件商品和提供大规模的服务。大型餐饮、旅店住宿、汽车养护与美容、汽车销售、便利店、百货商场、建材商场、家居用品、家电零售、洗浴中心、美容院、咖啡馆、茶馆、酒吧等都可以独立店形式开设。

独立店的好处就是比较自由，可以在装修、经营管理、广告等方面拥有更大的自主权。

独立店的店址模式也有自己的缺点，如租赁或购买的费用相对较高、少有“人气”可借。因为独立店没有现成的“人气”可借，所以需要独自吸引客流。当然，多个独立店聚集在一起时，彼此也会带来一些“人气”。比如在加油站旁边开设一家便利店或快餐店，那么此便利店或快餐店就可以很好地借用加油站的“人气”。如果是同业多家独立店开在一起，还会形成“某某一条街”模式给大家都带来业务便利。

2. 店中店。

指占用独立店（我们将这样的店称为母店）之中的某块面积，单独建设一个封闭、独立的店。

一般而言，这样的店拥有独立封闭空间、独立门头、独立进出口。但因为店中店通常没有自己单独的门牌号，所以在对外宣传或指示本店地址时，常常要首先说明其租赁或购买（通常都是租赁而非购买）空间的母店的地址或名称。

虽然比专柜型店面积大，但通常店中店的面积是有上限的，即不能大于其所租赁或购买空间的母店。店中店适合销售中等以下大小的商品和提供中等以下规模的服务。服装、医药、快餐、图书、食品、音像、鲜花、眼镜、洗衣、摄影、印刷复印等业务都常以店中店方式经营。

店中店可以借助母店的“人气”，这通常也是人们选择开设店中店的最主要原因之一，所以店中店的人流特点和母店的人流特点必须要有相融或相补的地方。

在采用专柜型店或店中店的店址模式时，如果能找到某一“人气”旺、客流量大、业务互补的母店，则能事半功倍，因此一些知名的超市、百货商场、购物中心等都是开设专柜型店或店中店的良好选址对象，亦即这些地方都是母店的候选者。专柜型店或店中店还可以带来其他一些益处，比如节省成本，主要体现在租赁或购买费用较低，可以和母店共享某些公共设施（如卫生间、空调、电梯）或共享某些软件（如广告宣传）等。

但这种模式的缺点也不少，比如可能会在使用、装修、营业时间、顾客性质、财务结算、促销和经营管理等方面受到母店的限制。同时，母店的品牌、定位、经营管理、广告宣传等也会对专柜型店或店中店的经营产生影响。

3. 专柜型店。

指租赁或购买（通常都会是租赁而非购买）另外一个独立店或店中店（我们将这样的店称为母店）的一块面积或柜台进行经营的店。

一般情况下，专柜型店没有自己的独立门头、独立进出口，并不形成封闭独立的空间。而且，母店为了保持自身空间风格的一致性，可能还会对专柜的色调、造型、大小、装修、摆设、收银、营业时间等方面做一些限制性规定。

一般来说，专柜型店的面积较小，适合销售小件商品，不适合提供服务。化妆品、小饰品、珠宝、工艺品、办公用品、手表、箱包、茶具等业务都常以专柜型店方式经营。

专柜型店可以借助其所租赁或购买店址的母店的“人气”，这通常也是人们建设专柜型店的最主要原因之一，所以专柜型店的人流特点和母店的人流特点必须要有相融或相补的地方。

3.3.2 按店址所在商圈分类

1. 商业区型店。

这类店又可分为两类：一类是处于综合性商业区型商圈的店，这类商圈内的单店覆盖多类行业；另一类是处于专业性商业区型商圈的店，这类商圈内的单店行业相对集中，一般不超过两类，服装一条街、小商品批发区、美容美发用品城、餐饮一条街等都是某一行业的集中经营场所。

单店在选址时一定要搞清楚商圈的性质，以决定进入同类型店商圈还是采取互补策略。

2. 社区型店。

社区型店即和社区居民生活密切相关的单店可以选址在社区型商圈中，包括家政服务、房产中介、便利店、小型超市、餐饮、食品蔬果店、美容美发店、药店、咖啡店、茶馆等。

3. 办公区型店。

目标消费群是上班族的单店可以在办公区聚集处选址，包括便利店、咖啡馆、茶馆、快餐店、餐饮店、办公用品店、商业服务店（如打字、复印、打印、订票、快递）等。

4. 交通区型店。

指店址在车站、机场、地铁、城铁、交通枢纽的店，包括便利店、旅店、餐饮店、礼品店、超市、箱包店等。

5. 文教区型店。

文教区的人群多是学生和教师，尤以学生为主力消费人群，适合学生消费的单店可以在此选址，包括书店、饰品店、时装店、便利店、餐饮店、文具用品店、生活类服务店（如打字、复印、冲洗胶卷、订票）、眼镜店等。

要特别注意的是，文教区商圈的一个最大特点是有寒假和暑假两个假期的空档或淡季。

6. 金融区型店。

此类型店可以为金融办公人员提供生活服务，比如餐饮、购物、娱乐等；可提供相关业务服务，比如会计服务、快递服务、顾问咨询服务、法律服务等。

7. 厂矿区型店。

有些厂矿区通常会形成一个相对独立的“小社会”，人们的工作和生活均在此区域内，所以此类型的单店通常会涉及工作、生活的方方面面。在这类区域内选址时，一定要充分考虑该地居民的收入水平和生活工作习惯，调研厂矿已经配套设立的旅馆住宿、食堂、便利店等。

8. 娱乐区型店。

娱乐区商圈内的店基本都和娱乐休闲有关，包括KTV、酒吧、保健按摩店、餐饮店、剧院等。在大型游乐园附近的便利店、快餐店、茶馆、咖啡馆等通常是非常受欢迎的。

9. 景区型店。

景区商圈的消费者基本是旅游休闲的人群，所以适合开设纪念品店、饮料店、快餐店、便利店、酒吧、茶馆、咖啡馆、旅馆、土特产店等。这类店的最大特点是淡季旺季非常明显，店面经营者需要做好淡旺季的人员、价格等安排。

10. 综合区型店。

综合区商圈通常可以接纳不同行业的单店入驻。

3.3.3 按单店顾客的来源分类

1. 静流型店。

指其消费顾客多是居住、工作、学习或以其他方式相对固定地停留在单店周围的人群的单店。社区型店、办公区型店、文教区型店、厂矿区型店等就是典型的静流型店。

此类型店的顾客数量一般有上限，是其所在商圈的固定人群的一部分，所以建设此类店时，其规模的设计要充分考虑顾客数量的上限。

此类型店的营销重点就是吸引、维护和增加回头客，否则必然失败。所以此类型店应在内在服务，尤其是售后服务上下大功夫，重在提升单店的内在和长期品质。顾客忠诚度的培养、维护与提升是此类店的营销工作重点。

一般，提供消费频率较大（如需要定期消费、不断反复消费）、顾客覆盖面较广（目标顾客人群在年龄、性别、收入、工作等方面的限制较小）的商品（如食品等快速消费品）或服务（如理发）的单店适合静流型地址。

2. 动流型店。

指消费顾客多由路过人群组成的单店。一般情况下，此类店的周围没有相对固定的停留人群。商业区型店、交通区型店、金融区型店、景区型店等就是典型的动流型店。

此类型店的营销重点是吸引路过的流动型消费者，所以应在店面外观吸引力及顾客交易的前期工作上下大功夫，重在迅速达成交易。

相比较而言，通常动流型店的潜在顾客总量要大于静流型店，即动流型店的顾客人群没有清晰的上限，动流型店的销售额通常要比同样规模的静流型店大，其建店规模也可以更大一些。

3. 全流型店。

这类店的消费顾客既有居住、工作、学习或以其他方式相对固定停留在单店周围的人群，也有路过人群。综合区型店、文教区型店就是典型的全流型店。

此类型店的营销重点是既要重视回头客，也不能忽视路过的流客，所以此类型店的工作是双重的，要融合静流型店和动流型店的工作重点。

3.3.4 按单店的楼层数分类

1. 单层店。

指经营位置全部都在同一个楼层的单店。

2. 多层店。

指经营位置在两个及以上楼层的单店。因为不同楼层之间的信息传递、物件传递、人员流通等的复杂性及难度，此类单店店面管理的人员数量和成本通常会大于同面积的单层店。

3.3.5 按单店所处楼层高度分类

1. 地下店。

指经营位置位于建筑物地下楼层的单店。地下店可有单层，也可有多层。

因为地下建筑空间的特征，比如在温度、通风度、店外视野、室内噪声、上下水、层高、室内结构等方面和地面建筑有区别，所以经营此类店应注意改变或利用这些特征。同时要注意，许多行业是被禁止在地下楼层开店的。当然，地下店可经营的行业种类很多，包括便利店、服装店、饮食店、书店、饰品店等。

通常，此类店的租金相对其他楼层的店面而言较为便宜。超市的生鲜蔬果、食品类卖场会设在地下层；酒吧、KTV、保健按摩店、餐饮店、咖啡馆、茶馆等也可设在地下层。

2. 底层店。

底层店又称底商，指店面位于地面建筑物一层位置的单店。因为顾客的视线所及和进入建筑物后的第一处所及地通常就是底层店，所以这类店特别适合向外界展示形象。

此类店址的优点在于对客流的获取上，通常情况下不管顾客要去哪个楼层首先都必须经过底层店。同时，对街面上的人群而言，此类店的门头最容易受到关注。

但此类型店的缺点是租金可能在各楼层中最高，门头招牌可能因街道树木、天桥、市政设施等物体的遮盖而不容易被距离单店较远的人群注意到。

一般情况下，各行业的单店都适合底层店，即此类型店址的行业适应性在各楼层中是最好的。但也有一些例外的限制措施，选址者必须对相关规定有所了解。

3. 中层店。

指经营位置位于地面建筑物2～3层的单店。

此类型店的优势和缺点都在底层店和高层店之间。

4. 高层店。

指经营位置位于地面建筑物4层及以上位置的单店。

此类型店的缺点是很明显的，因为所处楼层过高，所以顾客寻找店面与进入店面是不方便的，也不利于单店内大件商品及原料、设备等的进入和流出，而且此类型店很容易被位于其下层的单店截去客流。

此类型店也有其优点，比如顾客在店内视野更好、更安静，店外墙体广告的覆盖距离更远等。

在店铺的租金或售价方面，高层店通常较底层店、中层店为低，但视野极佳的建筑物高层的费用可能比临街的底层店还高。

此类型店址特别适合两种类型的店铺：一类是对楼层高度不敏感的店铺，比如售后服务店、美容院、保健按摩店；另一类是需要借助楼层高度优势的店铺，比如有些顾客比较喜欢在高处欣赏风景、寻求安静的环境，所以对部分餐饮店、酒吧、茶馆、咖啡馆、旅馆而言，高度反而成了一种优势。

第 4 章 选址历史演进综述

对于商业零售而言，准确地说，有意识的选址是随着“坐商”的出现而出现的。虽然“行商”也会有目的、有意识地选择其“行”的路线和范围以做“商”的目的区域，但它们并不会在某地借助相对固定的场所或建筑物和消费者进行交易，因此其行为也就不存在真正意义上的选址。

所以，选址是以出现固定交易场所为前提的。出现了店铺或坐商，选址便成为商业活动中的一个重要内容和环节。

综观人类商业发展历史，选址大致经历了如下几个阶段。

4.1 集市内选址——有位置无建筑物的不定地址阶段

更准确地说，人们早期进行商品交易的“店址”只是某个集市中的某个位置，并没有其上的建筑物。

什么是集市？《周易·系辞》中记载，“神农氏作，列廛于国，日中为市，致天下之民，聚天下之货，交易而退，各得其所”。今天农村地区还有的“赶场”“赶集”的“场”“集”就非常类似古代这种集市，即人们确定一块地区和固定时间做交易，在固定时间之外，此场所还有其他用途。

古代的集市是没有固定的建筑物空间的，所以那时的“店铺”其实只是一处临时设置的陈列货品的地方，被称为“肆”。《周礼》中记载的“正其肆，陈其货贿”，以及《文选·游西池》中有注曰“肆，市中陈物处也”，都是对当时的“店铺”或“肆”的诠释。所以，更准确地说，那时的“店铺”应该是现在人们常说的“摊”。

随着历史的进一步发展，陈列货品的“肆”开始有了相互间的隔断或房屋的雏形，《隋书・裴矩传》中有“帝命三市店肆，皆设帷帐”的记载，说明当时的“肆”已经开始向有房屋的地址、有独立隔离空间的建筑物转变。

从选址的角度讲，在这个历史阶段，选址者所选的并不是一处建筑，而只是集市或集市中的一块地方，而且这些地方在最初也不固定属于某个商人，而是谁先占据就归谁所有、某固定位置上的商人每天都有可能不同。但也有可能因为长期形成的习惯或约定俗成，不同的地方会固定地归属某些人群。这个状况也类似如今许多地方的农村集市，尤其是自发形成的集市，早到的售卖人可能占据有利位置。

我们称这个历史阶段为有位置而无建筑物的不定地址阶段。

这个阶段的选址比较简单，一般而言，大多数“肆”都在固定的集市之内，集市之外的交易机会很少。据考证，我国秦汉时期就有了固定的交易场所，主要由官方划定交易区域，在其四周筑造围墙，定时击鼓，人群以鼓声知市之开闭，这是较早的集市或固定交易场所形式。所以，当集市很小的时候，“肆”与“肆”之间的差别并不明显。只有当集市很大时，“肆”与“肆”之间才有比较明显的区别。同时，因为商品的供应总体来说远远不能满足需求，所以这个历史阶段，在一个集市之内的选址对商人来讲并不是特别重要的。

4.2 集市及周边选址——有建筑物的固定地址阶段

随着商品交换的进一步发展，一部分人便从农业中分离出来并居住在城市中，一些人更是专门从事商品的交易活动，交易的频繁性、交易地点的逐渐固定、交易规模的扩大都使得店铺必须同时具有存贮的功能，这些都促使人们开始在固定的交易地点建筑房屋，以作专门的交易、存贮之用，这些房屋便是现代商铺的原型。同时，店铺也开始从封闭的集市内逐步向外扩展。

因为这个时期的选址更加强调与重视带有建筑物的地址，所以我们称这个阶段为有建筑物的固定地址阶段。

西方国家到16世纪才开始进入坐商兴盛时期，我国的以实体店铺形式出现的集市出现时间要早得多。大约唐朝中后期，在时间与空间上加以限制的封闭的交易场所就逐步被取消，代之以更开放的集市，当时市场的周围已出现了商人的小摊或饮食店等店铺雏形。从北宋张择端《清明上河图》中可以看到，北宋时期店铺已经非常普遍。

随着集市的逐步扩大，人们也会在扩大的集市中或其边缘建造更多的房屋，并将其出租、出售给商人。

这个时期虽然也有少数店址选在交通干道沿途、人群聚居区附近，但大多数选址仍然是主要集中于固定的集市中或其附近，而且由于集市已经变得很大，商品的供应量也逐渐丰富，竞争者越来越多，所以地址之间的差别开始增大，选址开始变得重要了。

4.3 整个城市选址阶段——可选位置、也可选建筑物的固定地址阶段

随着时代进一步发展，社会分工与商品交易高度发达，商品的供应量与交易量、商人的数量、城市中的固定人口和流动数量都相当丰富的时候，店址的选择开始突破固定集市或其附近的限制，慢慢向城市的各个角落扩展和渗透。从理论上讲，整个城市（包括县城和镇）各处都可以是商铺的候选地，许多居住在市内的人甚至把自家房屋的一部分改造成商铺以自用或出租、出售。城市同时成为两个中心：居住中心和交易中心。

此时，在选择地址方面，选址者既可以只选择位置，然后自己建造房屋，也可以连同位置上的建筑物一并选择，我们称这个阶段为既可选位置、也可选建筑物的固定地址阶段。

此时的选址已经变得是十分重要了，因为理论上城市内的每块空间都可

以作为商铺，但由于人流、交通、名气等各种各样的原因，不同空间和位置的“商气”是不同，甚至迥异的。所以，为了能在整个城市这么一个巨大的范围内选择一小块“黄金宝地”，商人们就开始钻研选址的诀窍，选址成为商人们的竞争手段之一。

4.4 泛城市选址阶段——可选位置、也可选建筑物的固定地址阶段

时代发展到今天，随着城市已有空间的日渐饱和、交通的便利、商品经济的高度发达，店铺的选址已经突破了城市的限制，向更广阔的范围扩展。比如如今许多大型超市、仓储店选址都已在郊区或城市之外。

虽然此时的选址既有选择位置的，也有选择带有其上建筑物的，但随着专业商铺开发商的兴起以及政府对建筑物规划的管理严格化，选择带有建筑物的地址的情况更多些。

店址成为商业的一种稀缺资源和竞争力的重要组成部分，大批经营者加入争夺有利店址的队伍之中。专门的选址人员和部门开始出现，专门以介绍、开发、投资商铺为业务的个人和机构出现。一些国家和地区开始对商铺位置颁布一些政策法规，比如规定单店的布点密度、不同行业场所的限定区域、选址的听证制度等。

4.5 泛空间选址阶段——虚拟与现实相结合的选址阶段

从选址演变过程来看，我们可以说，随着信息技术的发展和交通物流的日益发达，虚拟店铺越来越多，未来的店铺选址将进一步超出泛城市选址的阶段，进入泛空间的选址阶段，亦即未来商家在选址时，将既考虑在实体空间选址，也会越来越多地把店址变为虚拟的形式（如网店）。因此，未来店铺选址的竞争将会在实体空间和虚拟空间同时进行，而每一个空间的范围都会非常巨大，选址技术将更为复杂，选址将会逐渐地成为专门的职业甚至行业。

第 5 章　店面商圈的含义与等消费线

5.1 店面商圈的含义、分类与大小表示方式

5.1.1 店面商圈的含义

店面商圈指以单店所在位置为中心向外延伸一段距离所形成的辐射区域。单店的几乎全部消费者都位于此区域之内，店面商圈常常被作为连锁企业给予其单店的专营保护范围。按单店在此商圈内的潜在顾客数占商圈潜在总顾客数的比例，单店的商圈通常分为3个层次。

1. 主商圈。又称核心商圈，单店在此区域内的潜在顾客数占商圈潜在总顾客数的大部分，比例在75%左右。

2. 次商圈。单店在此区域内的潜在顾客数占商圈潜在总顾客数的20%左右。

3. 边缘商圈。单店在此区域内的潜在顾客数占商圈潜在总顾客数的5%左右。

如图5–1所示。

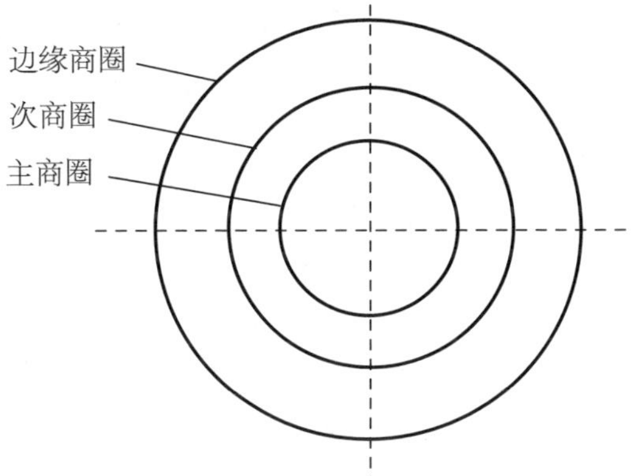

图5–1　店面商圈的3个层次

5.1.2 店面商圈的分类

1. 按照店面商圈内的人群性质划分。

（1）商业区。商圈内多是来此进行商业活动（包括消费）的非居住性人群，建筑物主要是商业用途。

（2）社区。商圈内的人群多是该地居民，建筑物多为居民住宅。

（3）办公区。商圈内多是来此工作的非居住性人群，建筑物多为办公场所。

（4）交通区。包括车站，机场，地铁、城铁沿途，交通要道等。

（5）文教区。商圈内多是来此进行文化教育活动的人群，如学生、教师，他们有的是居住人群，有的是非居住人群，建筑物多为各类院校。

（6）金融区。商圈内多是来此进行金融及相关活动的非居住性人群，建筑物多为金融机构用途。

（7）厂矿区。商圈内多是在此进行工业活动的人群，建筑物多为工业用途。

（8）娱乐区。商圈内多是来此娱乐的非居住性人群，建筑物多为娱乐场所。

（9）景区。商圈内的消费者基本都是旅游休闲的人群。

（10）综合区。同时具备上述各类商圈若干种特点的商圈。

2. 按照消费人群的消费力档次划分。

按照从高到低的顺序，依次为一类商圈、二类商圈、三类商圈、四类商圈、五类商圈等。通常，商圈等级越高，距离城市中心越近，交通越方便，有效客户群越多，客户的消费力越强，店面的营收也相对越高，当然，房租、人员成本、就地购买原材料等的价格也越高。大城市通常有多级别商圈，中小城市可能只有两个级别的商圈。如图5–2所示。

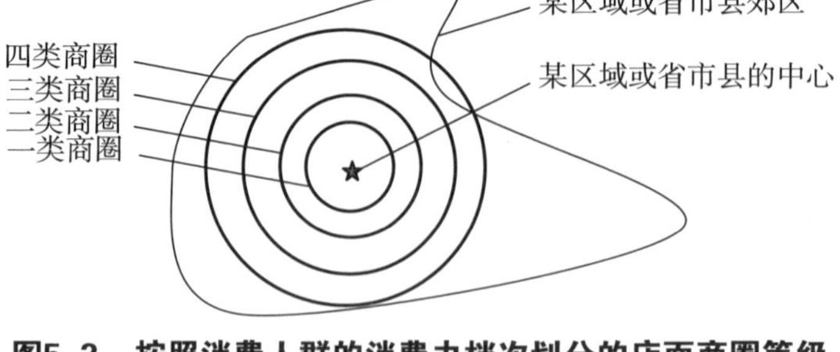

图5–2　按照消费人群的消费力档次划分的店面商圈等级

3. 按成熟度划分的商圈。

包括正处于形成期、成长期、成熟期、衰退期的4类商圈，具体划分依据是商圈的商家入住率、商家成功率、消费群的数量和质量、商圈知名度等。

5.1.3 店面商圈大小的表达方式

单店商圈的大小受多种因素影响，包括地理位置、人口密度、交通条件、有效顾客比例、单店的品牌等。

通常，表达商圈大小的方式有如下几种。

1. 按照距离的大小来确定商圈。

我们可以以店铺为中心，以1000米为半径画圆确定商圈的大小。对不同行业、不同地段、不同店面大小、不同品牌的店铺而言，这个半径的大小是不同的。比如在大城市的市中心，一家超市的商圈半径可能是1000米，但在郊区则可能是3000米，而小城市的超市商圈半径则可能达到5000米。如图5-3所示。

图5-3 按照距离大小确定店面商圈

2. 按照交通时间长短来确定店面商圈。

我们可以以店铺为出发点，以步行、自行车、汽车等交通工具在一定的时间内能走完的距离确定商圈的大小。这个时间可以以分钟为单位。

对便利店而言，通常其主要顾客为周边步行10分钟或骑自行车15分钟可到达的人群；对于汽车维修店而言，其主要顾客为周边开车25分钟可到达的人群。具体是多长时间，可以有很多种算法，比如统计已有顾客或调查潜在顾客的到店时长，取80%左右的顾客（核心顾客）到店时长的最大值；调查顾客能忍耐或接受的到店时长；参考同行的大数据，等等。

每个店面周边能到达此店的道路是有限的，分别适合步行、骑自行车、公交车、地铁、汽车，或兼而有之，或几种交通工具组合（如先做公交车，下车后再骑行一段路）。把这些交通工具能在一定的时长内到达店面的起点连接起来的多边形就是该店的商圈，分别称为步行商圈、自行车商圈、公交车商圈、地铁商圈、汽车商圈。如图5–4，5–5所示。

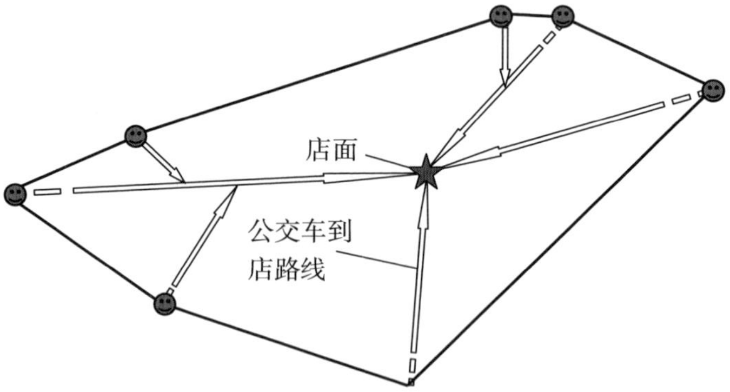

图5–4　公交车商圈示意图

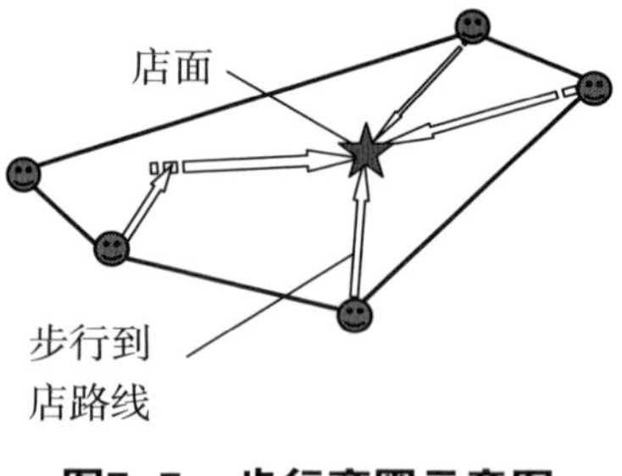

图5–5　步行商圈示意图

因为交通工具不同，店面的商圈可分为5类：步行商圈、自行车商圈、公交车商圈、地铁商圈、汽车商圈。随着时代的发展，人们的交通工具不断变化，商圈的大小也随之变化。

位于单行道、封闭主干道、环岛的店面和到店道路较少的店面，其商圈会严重萎缩，这是因为顾客到店的时间延长，超出了商圈范围所要求的“一定的时间”。

3. 按照人口聚集区来确定店面商圈。

我们可以在以店面为中心的周边几个人口聚集区内，以一定的人口数量为确定商圈大小的依据。比如20万人口的聚集区可能需要一家大型超市，5000人口的聚集区可能需要一家便利店等。那么，店面的商圈就是这几个分散的人口聚集区。如图5–6所示。

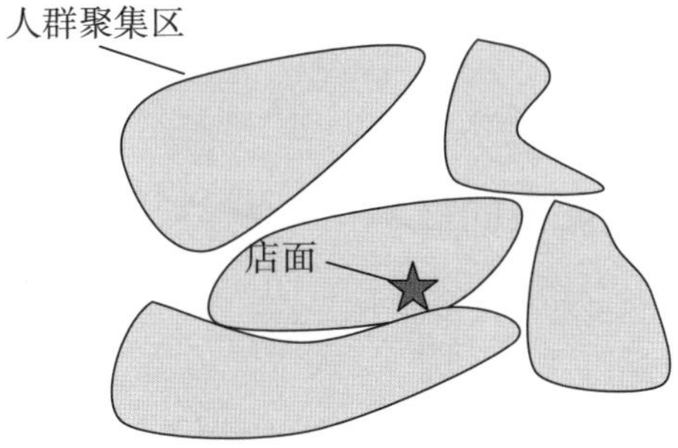

图5–6　按照人口聚集区来确定的商圈

需要注意的是，在实际的生活中，标准的圆形商圈是基本不存在的。

5.1.4 店面商圈调查因素

商圈的调查因素因不同的单店、不同的调查目的、不同的调查时间等而不同。

5.1.5 店面商圈调查方法

店面商圈调查方法有多种，比如查阅有关统计资料；走访城市或所选区域的相关主管部门；实地观察法；抽样调查法；问卷调查法；网上搜索相关信息；去中介、信息性公司获取信息，等等。

5.1.6 绘制店面商圈平面图

为了直观地显示店面商圈状况，选址者可以绘制商圈地图。商圈地图上一般应包括下列内容。

（1）地图范围应至少包括单店所在商圈的主商圈和次商圈。

（2）单店的位置。

（3）单店所在区域的各建筑物，并标明其所属单位名称、简单概况，尤其是竞争者所处建筑及名称。

（4）交通线路，公交车、出租车、地铁等站点及行进方向。

（5）街道及方向。

（6）其他需要特别注意的位置点。

5.2 扩大店面商圈范围的技巧

5.2.1 开设母子店

可在面积较大、产品或服务较全面、收费较高、租金较低的母店周围开设面积较小、产品或服务类别较少、收费较低、更类似于低价或免费体验店形式、租金较高的子店。如此，母店的商圈范围加上子店的商圈范围，整体的店面商圈范围就会扩大很多。

干洗店、装修公司、美容院等服务类店面常常采用开设母子店扩大商圈的方式。

子店可以开设在目标客户所在位置附近，比如社区店；也可以开设在可以为母店引流的地方，比如大型商场超市中的体验店。

5.2.2 开设线上店

线上开店是没有线下店面地理范围的商圈限制的，物流和配送能经济合理、可达顾客接收地的地方都可以是线上店的商圈范围。

5.2.3 设置代购点

代购点可以是实体或虚拟的店面或公司。

5.2.4 利用好交通工具

不同的交通工具可影响店面商圈范围的大小，所以店面扩大商圈的主要方法之一就利用好交通工具，比如有些店面开设在地铁口或公交车站附近，有些店面开设在交通枢纽附近。如此，在同样的顾客能接受的到店时长之内，因为交通更便利，店面商圈就变得更大。

5.2.5 给来自更大商圈范围的顾客以优惠或补贴

比如提供免费的班车，提供免费停车，给打车到店的顾客报销部分车费，这些方法都会使店面的商圈范围有所扩大。

以宜家家居为例，在扩大商圈上，宜家有自己的妙招。一个很明显的事实是，即使某店铺的产品或服务再好，多数顾客也不会跨越远距离去这家店购物，因为太浪费时间了。然而，如果花费在路上的时间能换成钱的话，不少顾客就不会嫌弃路远了。在阿联酋，宜家联合谷歌地图推出了“Buy with Your Time”的促销活动，把顾客从家到宜家的路上所花费的时间当作积分，可以用来换购宜家的任何商品，而且距离越远，价值越大。比如，如果到店时长是49分钟，那么可以用这个时间换一个小茶儿；如果是1小时55分钟，可以换一个大书架；如果是5分钟，可以换一个热狗。就是说，顾客在路上花费的每一分钟都是明码标价的，时间真的就是金钱！结账的时候，宜家收银员会问，“现金、信用卡，还是时间？”这时，谷歌地图中从顾客家到宜家的路线上所花费的时间会同步到顾客的宜家账号，并立即转换成相应的积分或钱。

优衣库也有类似的策略。因为日本的店铺和网络库存尚未实现一元化管理，无法高效运营，加上人手短缺问题十分严重，所以在订单较为集中的繁忙时段很难提供限时送达服务。为此，日本优衣库推出了“不加急”的送货服务：接受延迟10天配送的消费者可获得300日元的优惠券。

5.2.6 云仓和前置仓

沃尔玛也有自己的扩大商圈的方法。在中国，沃尔玛和京东到家合作建设的10个云仓覆盖成都、深圳、上海3个城市，并为附近3~5千米范围内的居民提供1小时送达服务。相比门店而言，云仓的成本更低，主要承担线上订货之后的配送工作，如此就覆盖了已有门店覆盖不到的范围，直接扩大了已有门店的商圈。

现在许多生鲜商家的前置仓也是很好的扩大商圈的方法，也是用更小的成本、更大的地理范围、更大的密度、更靠近顾客的仓配一体的方式，解决商品到顾客家最后1000米，甚至最后100米的问题，以有效扩大已有门店的商圈。

5.2.7 客户自取

商家可以把顾客订购的商品送到顾客目的地附近的提货点，再由顾客自提货物。

5.2.8 快递和外送等

成本、时间都能接受的快递上门、外送等服务可以使商圈迅速扩大到快递、外送能覆盖的更大范围。

快递、外送的应用可以因地制宜，比如沃尔玛在全球各地的送货上门服务就有所区别。在美国，沃尔玛与FedEx Corp、美国邮政服务(USPS)、Postmates，Deliv和Doordash等第三方公司合作；在墨西哥试验摩托车交付；在中国试验新的小型超市、云仓，等等。

5.3 界定店面商圈等级或类别的两位数分级法及等消费线

开店时，如何界定店面商圈等级或类别呢？很多企业在拓展连锁店时，常用的战略方针就是以城市级别作为店面商圈等级或类别划分的标准，比如决定自己的店开在一、二、三、四或五线城市的其中几类。其实，这样的划分是错误的。因为城市的级别和店面商圈的等级或类别并不完全对应。比如一线城市6环的商圈等级可能并不如三线城市市中心的商圈等级更高。

那么，如何正确界定商圈的等级或类别呢？正确的方法是两位数分级法。我们以1、2、3、4代表“一、二、三、四线”城市，以0.1、0.2、0.3、0.4代表城市内的一、二、三、四类商圈。如按照消费力的标准，城市的商圈等级或类别就可以划分为：一线城市可以有1.1、1.2、1.3、1.4类别的商圈；二线城市可以有2.1、2.2、2.3、2.4类别的商圈，以此类推，如图5-7所示。

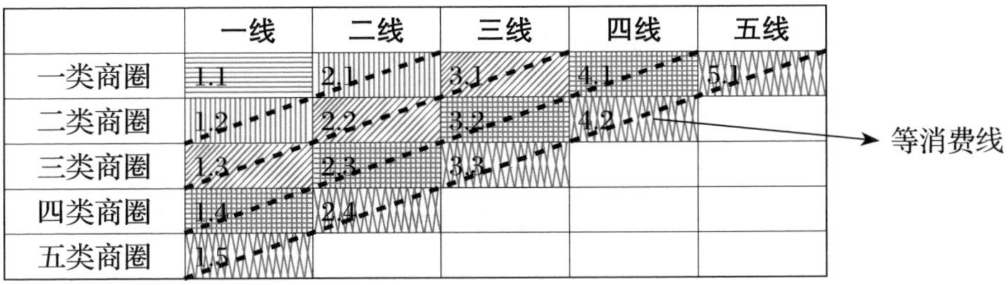

图5-7　直线型的等消费线

需要注意的是，比如从消费力上讲，1.4、2.3、3.2、4.1等商圈可能是相同的。在消费力平均分布的情况下，我们可以做出同类别商圈的分类组合，比如图5-7中同样底纹的方框所代表的商圈，如此，可以得出图中的对角线，这个对角线就是直线型的等消费线，代表着在同一消费力下，不同城市的商圈类别。

当然，这个等消费线未必是直线，有时还可能是曲线，比如经过计算，等消费线还有可能如图5-8所示，我们认为1.4、1.5、2.3、2.4、3.3、4.2、5.1是同等消费力的商圈，由此形成曲线型的等消费线。

	一线	二线	三线	四线	五线
一类商圈	1.1	2.1	3.1	4.1	5.1
二类商圈	1.2	2.2	3.2	4.2	
三类商圈	1.3	2.3	3.3		
四类商圈	1.4	2.4			
五类商圈	1.5				

图5–8　曲线型的等消费线

两位数分级法和等消费线的具体应用非常多。

（1）作为选址、开店的依据。

比如认为自己的店适合开在“三、四线”城市核心圈（3.1、4.1）的连锁企业就会恍然大悟，其适合开店的商圈可能还包括2.2、1.3，以及3.2、2.3、1.4等。如此，按照两位数分级法和等消费线的商圈界定方法，而不是纯粹按照城市级别的方法界定，就不会错过真正适合开店的商圈，可开店的地址数量也就会大大增加了。

（2）作为连锁店定价的依据。

基本上，类别相同的商圈的商品或服务的定价可以相同。

（3）作为招商时收取特许经营费用的依据。

基本上，类别相同的商圈的加盟店的特许经营费用可以相同。

第 6 章　开店方式与布点管理

6.1 开店方式

6.1.1 单独开店

单独开店指一家店、一家店开，各店在开设时间、地域分布上并没有直接的约定关系。这是最普遍的开店方式。

如果是特许经营企业，这种开店方式的优点是各店之间不必互相等待，各单店也就因此没有因等待产生费用、时机延误、开业吉日选择争议等问题。这种开店方式的缺点是会使特许经营企业的总部对单店的支持性管理变得复杂和麻烦，比如，为了节省成本费用，总部可能会召集不同店面的人员在同一个时间培训，这必然就会使部分店面人员处于等待状态；对于各单店而言，因为没有区域性的伙伴一起开店，群体正效应（包括采购成本、物流成本、广告宣传成本与效果）会变小。

6.1.2 集体开店

集体开店指的是特许经营企业在某区域内同时开业多家店。

很多实力强大的企业都会采取这种集体开店的方式，比如7-11便利店在开店时，通常采取的就是地毯式轰炸的集体开店策略，也被称为“多米诺战略”，即在某区域内以密集开店的方式，对市场形成压倒性优势，并借此达到规模效益。在日本的一些主要道路上，人们会连续看到许多醒目的7–11招牌，这些地方被人们称作“7–11大街”。

星巴克往往也会选择在闹市区进行密集的集体布点，具体做法就是星巴克将某区域内的多处“黄金店址”先行全部收入囊中，以彻底消除竞争者插身而入的想法和机会。进入上海市场时，从淮海中路“东方美莎”到“中环广场”，短短1000米的距离，星巴克就开了4家店。甚至在同一建筑物内，星巴克也会密集布点，比如在北京的东方广场，星巴克在地下一层、一层、二层，同时开了3家店。其他企业也有类似的做法，比如肯德基在天津滨江道商业街不足千米的街道上布点4家餐厅；北京南站有3家肯德基、2家麦当劳、2家周黑鸭等。

沃尔玛开店时也会采取类似的“市场饱和战略”，亦即沃尔玛每进入一个新的区域时，都会以10英里左右为间隔开店，从而使沃尔玛的分店遍地开花、交结成连锁网络，使该地区的零售市场趋于饱和，不给对手以发展空间。

集体开店的优势十分明显。

（1）降低物流成本。可以一次性进行大批量物流配送，减少配送车辆的行驶距离、时间、成本以及车辆的数量等，平均到每家单店的物流成本自然就低得多，配送效率更高。如果在群店中心开设一个区域性的配送中心，则配送成本会更低。

（2）保证商品或原料的新鲜度。因为距离短，配送可以及时、快捷，因此有些需要保鲜的商品配送就非常方便。

（3）挤压竞争对手的开店空间。一定区域内的市场是有上限或市场饱和度的，大数量集体开店可以以先发制人的策略占领尽可能多的“地盘”，使后来者无从下手。

（4）提高地区的知名度、增加宣传效果。在某区域内重复出现某品牌店的直接效果就是，区域内的人群很快、很容易地就对该品牌产生熟悉感，相当于大规模的广告宣传。

（5）降低广告成本。在多店区域内多店联合投放广告可以加大广告覆盖密度，提高广告效果，从而降低成本。

（6）提高区域业务专员的活动效率。运营区域业务专员巡视各个店铺的距离缩短，来往各个店铺之间更为方便，能够延长与各店面的交流的时间。

当然，集体开店也是有缺点的。比如为了等待临近的开业日期，各店要互相等待，这就自然会引发因等待而产生的费用、时机延误、开业吉日选择争议等问题。

6.2 区域布点战略

如同军事上的排兵布阵，特许经营企业的单店网络也需要对单店位置和整体局面进行全盘规划，即布点、布局。对于店主，尤其是连锁企业而言，店址的选择，应该遵循的是整体布点、布局战略，而不是片面强调每个单店的得失，要有整体意识。

布点、布局即抢占版图的实际行动。对不同的环境应有不同的布点、布局战略，如下几种战略可以采用。

1. 抢占市镇的“黄金地段”。

所谓“人潮即钱潮”，是因为人群汇集的商业精华区是人们主要的消费地点，将店开在某区域的“黄金地段”，是开店者抢占市场时的常用策略，尤其对实力强大、品牌知名的店，这样的策略可以使新进入的店面迅速扩大其在市镇的知名度和影响力，并可能获得不菲的经济效益。但其缺点是强大的竞争者多、店面租金昂贵、地址稀缺不容易获得、一旦失败将给企业造成较大损失等。

由于租金的昂贵、人流的密集以及品位等因素，“黄金地段”有时也是企业展示自己实力和品牌的一个较好舞台，但经营者切勿单纯为展示自己而不顾实际情况，否则可能会导致相反的效果。

2. 目标商圈开店。

每种类型的单店，针对自己的特色、产品或服务范围以及目标顾客的特征，都会特别或只适用于几种类型的商圈，比如商业区、社区、办公区、交通区、文教区、金融区、厂矿区、娱乐区、景区、综合区等中的一个或几个，我们将之称为该单店的目标商圈。因此，特许人企业或单店在进入某区域进行布点时，就可以考虑进入这些目标商圈。

3. 交通要道开店。

所谓“路开到哪里，人就走到哪里”，贯穿各城市的主要道路常常是人流最多的地方，也常常成为特许经营企业开设单店的主要战场之一。但这种布点策略的缺点是季节变化、天气变化、市政规划变化等会影响单店的经营，而且路边的停车位问题经常令人头疼。

4. 主要客户群体附近开店。

单店之所以选择某地址，就是为了便于潜在顾客的到来和购买，因此，单店应学会分析自己的潜在顾客都聚集在什么地方，在其附近开店即可达到非常好的营业效果。比如文具店、书店、眼镜店之类的店铺就可以选择开在学校的附近；超市、便利店就要靠近居民区开设。

针对目标消费群开店是麦当劳布点的重要原则之一。麦当劳的目标消费群是年轻人、儿童及其家人，所以在布点上，麦当劳一是选择人潮涌动的地方，如在地铁沿线和交通集散点周边；二是在年轻人和儿童经常出现的地方布点，比如在儿童用品商店内或附近设点，方便家长带儿童出入就餐；三是在百货商厦和大卖场开店中店，吸引逛商店的年轻人就餐。

这种布点策略的缺点和社区开店一样，也有消费上限的瓶颈问题。

特许经营的单店布点要随着特许人企业的不同经营阶段而有不同的策略，设点的依据除了必须考虑商品补给的可达性之外，最主要的还应考虑每一间单店所需的市场规模。而多大的市场规模可维持一间单店的生存是开店初期就需要评估出来的。

在布点的计划中，应依据每一个城市的消费能力或消费人口，估计出市场容量，并精确预估可开店数。确定每一个区域的基本开店数后，就可根据特许人的体系发展策略来具体布点了。

5. 紧随竞争者开店。

企业进入某个区域时，可以选取自己在该区域的主要竞争者附近开店，或者选择进驻同业一条街。此战略的优点是如果竞争者选择适当，对于新进入的企业而言，可以迅速借助竞争者的“人气”、广告等打开自己的市场。此战略的缺点是容易遭到竞争者的反击。

6. 搭售布点。

搭售布点指单店可以采取借“人气”（比如在超市、交通枢纽、车站、景区等处）的方式布点，也可以和其他单店体系建立战略联盟，比如麦当劳在中国市场开得来速店的时候，就果断地和有着3万多个加油站的中石化结成战略联盟，与加油站合作开发得来速汽车餐厅。

7. 并购现有网点。

如果成本适中、并购对象选择适当，并购某区域内的现有网点会是一个非常不错的选择。家电连锁企业美国百思买进入中国市场时，采取的策略就是并购五星电器，从而短时间完成了其在中国市场众多网点的布局。国美电器、苏宁电器等本土企业扩张时，也频繁采取并购的策略。

并购的优点是可以迅速、有效地获得既有网点，尤其是在合适地址都无法或很难获得的时候，并购策略的优势就更为明显。但其缺点是如果操作不当，则会给并购者带来极大的风险。

8. 全面覆盖。

全面覆盖指在某些区域，比如车站、机场、景区等人流高度集中的地方，为了获得最大化的客户，经营者把店面布置在整个区域的各个关键方位。

第 7 章　选址的流程

从时间顺序上讲，一个完整的选址流程应如图7–1所示。

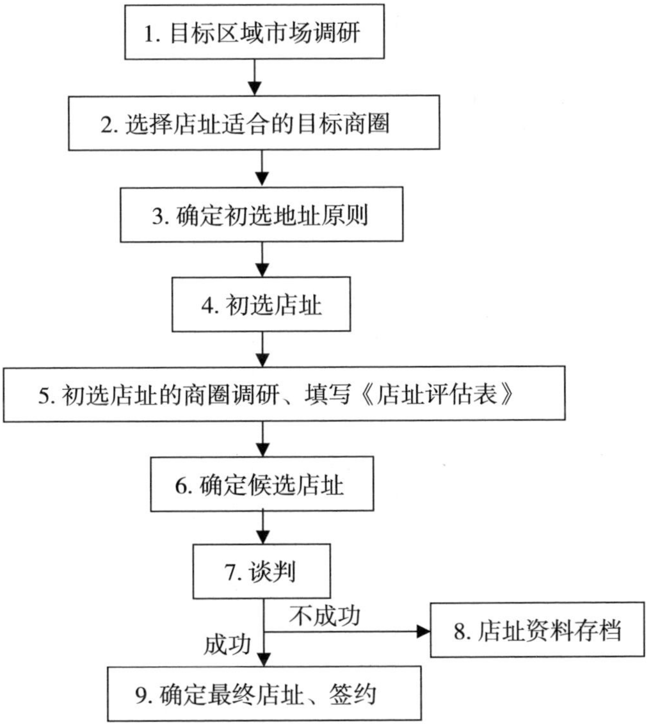

图7–1　选址流程

以上每个步骤都将在后文详细讲解，在此仅简单整理每个步骤的主要工作内容、目的或结果，及需要用到的图表。如表7–1所示。

表7-1　选址流程对应步骤的工作内容、目的或结果，及需要用到的图表

序号	选址流程中的步骤	工作内容	目的或结果	需要用到的图表
1	目标区域市场调研	是对意欲选址的区域（省市县区等）进行全面的市场调研	论证目标区域是否适合开设目标店，并选出适合开店的具体商圈	《直接竞争者调研表》《适合开店的商圈调研表》《已有消费者调研表》《社会大众调研表》《目标区域市场调研报告》
2	选择店址适合的目标商圈	运用《目标商圈评分表》对上一步选出的适合开店的商圈进行开店适合性的排序或确定几个具体的选址目标商圈	确定几个具体的选址目标商圈	《目标商圈评分表》
3	确定初选地址原则	确定在目标商圈选址时所要依据的粗略原则，根据这些原则，选址者可以在上一步确定的目标商圈中以最快的速度、最小的成本费用初步选出适合的开店地址，此地址称为“初选地址”	确定初选地址原则	《初选地址原则表》
4	初选店址	实际的选址行为，即按照上一步确定的初选地址原则，在目标商圈选址	粗略地选择出一批适合开店的地址	《店址基本情况表》

续表

序号	选址流程中的步骤	工作内容	目的或结果	需要用到的图表
5	初选店址的商圈调研、填写《店址评估表》	按照《店址评估表》中的各项内容，对上一步选出的初选地址进行精准、详细的商圈调研	初选店址的商圈调研、填写《店址评估表》	《店址评估表》《目标店区域地图—宏观地图》《目标店区域地图—中观地图》《目标店区域地图—微观地图》《目标店卫星定位图》《目标店平面示意图》《目标店立体示意图》《目标店建筑物内外照片表》《客流量统计表》《核心、次级、边缘商圈的划分标准表》《商圈级别评分表》
6	确定候选店址	对上一步的《店址评估表》进行分析	确定至少3个以上候选地址	《店址评估要素、要素细项以及打分标准的示例》《0–1相对比较打分法示例》《单店投资回收预算表》
7	谈判	与上一步确定的候选地址租售人谈判	谈判成功并确定最终店址	《店址租买洽谈记录表》
8	店址资料存档	把谈判不成功的和之前获取的店址信息存档保留，以备后用	店址资料档案齐备	
9	确定最终店址、签约	和确定的最终店址租售人签约	拿下实际的合适店址	

在选址之前，应先制订详细的选址工作计划，主要内容就是上述选址流程的每个步骤的实施计划，包括每个步骤的工作内容、实施人员、起止时间、费用预算、达成结果等，并编制一张工作进度的甘特图，运用项目管理的方法进行选址工作的全程管理，这样就可以在完成任务的同时最有效地进行相关资源的配置。

第 8 章 目标区域市场调研

8.1 目标区域市场调研的目的和内容

《孙子兵法》云“知己知彼，百战不殆”，企业在市场中运营也是如此，要想取得成功，必须对外部进行调研。

请记住，我们这里的市场调研是围绕该区域“第一，是否可以开店”“第二，适合开店的商圈的具体地理位置”两个问题进行的。

目标区域市场调研的内容至少要包括5个方面，即行业调研，适合开店的商圈调研，竞争者调研，消费者调研，以及市场各方对本店的产品、服务、品牌等的反应调研。其中，行业调研的内容包括宏观环境和行业概况两方面。竞争者调研的内容包括直接竞争者、潜在进入者、替代品、供应商以及消费者情况调研。如图8–1所示。

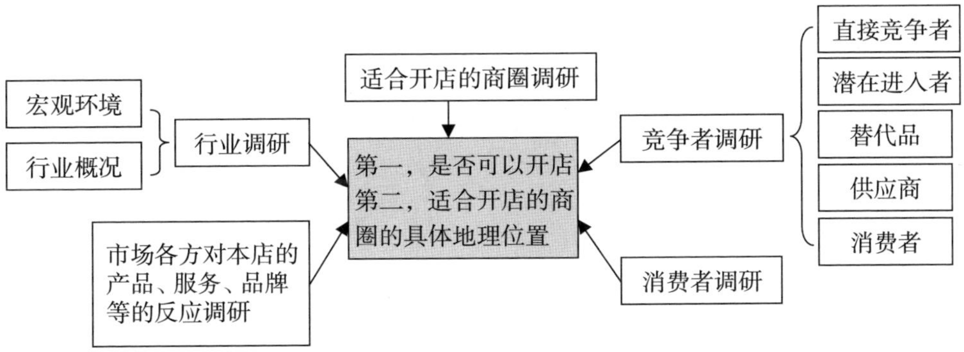

图8–1 目标区域市场调研内容

需要注意的是，对于市场调研的结果或发现的事实，选址者必须切实地坚持至少两个思路或原则——利用和规避，即对每一个调研结果，选址者都一定要得出店面如何利用或如何规避的对应结论。

8.1.1 行业调研

行业调研内容包括宏观环境和行业概况两方面。

1. 宏观环境。

宏观环境调研的内容包括5个方面，常用的分析工具为PESTN法。如图8–2所示。

PESTN法指宏观市场调研时主要考虑5个因素：P（Political Factors），政治法律因素；E（Economic Factors），经济因素；S（Sociocultural Factors），社会文化因素；T（Technological Factors），技术因素；N（Natural Factors），自然因素。

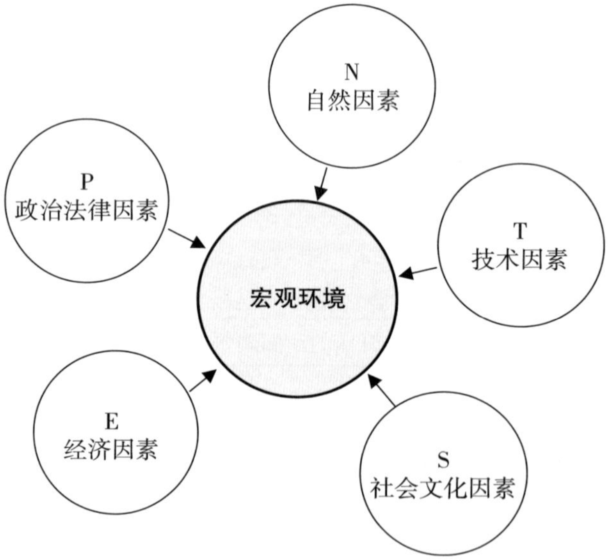

图8–2　PESTN法

（1）P（Political Factors），政治法律因素。

包括社会制度、执政党的性质、政治体制、经济体制、政府的方针、政策、法律、法规等。

如前所述，选址者必须对每个调研结果以利用或规避两个思路或原则应对，具体到对政治法律因素，可以有以下做法。

借助有利于意向店面的法律法规或方针政策。比如大学生创业、商业一条街、产业招商、区域发展规划、经济开发区、特区、创业和创新等鼓励政策；外资企业、高科技企业、环保企业、特殊产品、重点发展行业、循环经济等支持政策。由此可在工商登记注册、税收、资金支持、补贴、吸引人才等方面获得利好。

规避不利于意向店面的法律法规或方针政策。比如对两店之间的距离限制（有的城市规定两家药店之间的直线距离不能小于250米）、行业工作人员的身份特殊要求、注册资金额要求、店铺位置规定（有的地方会对儿童乐园的楼层有规定）、面积规定（有的城市规定餐饮场地应大于60平方米），都是选址时必须要考虑到的，否则，就可能因违法违规而受到损失。

（2）E（Economic Factors），经济因素。

包括宏观和微观两个方面。

宏观经济因素主要指一个国家的人口数量及其增长趋势、国民收入、国民生产总值、居民消费与储蓄倾向、银行利率、失业趋势、汇率、贫富差距、货币政策、财政政策及其变化情况，以及通过这些指标反映的国民经济发展水平和发展速度。这些因素会决定居民的收入支出模式等，并对不同行业有不同的影响。比如，经济不景气时二手、出租、贷款、维修、教育培训等行业会更易经营。

微观经济因素主要指企业所在地区或所服务地区的消费者的收入水平、消费偏好、储蓄情况、就业程度等。这些因素直接决定着意欲开设的店面目前及未来的市场大小。

（3）S（Sociocultural Factors），社会文化因素。

包括居民教育程度和文化水平、宗教信仰、风俗习惯、审美观点、价值观念、性别比例、婚育状况、人均寿命、对政府的态度、移民率、生活方式、城乡人口比例、投资倾向、消费习惯等。

其中，文化水平会影响居民的需求层次；宗教信仰和风俗习惯会影响某些业务；价值观念会影响居民对店铺的认可度；审美观点会影响居民对店面活动的内容、方式以及成果的态度；婚育状况和人均寿命等会影响某些行业的发展规模；移民率会影响店面的本土化状况，比如现在的大城市都有很多外来人口，这就使各种口味的餐饮店都获得了生存空间；生活方式会极大地影响行业与店面的产品和服务定位，比如随着“宅”生活方式的养成，“懒人经济”和“懒人服务”应运而生，线上点单、送货上门成为很多店面发展壮大的利器。

（4）T（Technological Factors），技术因素。

指行业的技术，包括硬技术（通常指自然科学技术）、软技术（通常指社会科学技术，比如管理、运营的技术）。

任何店面都必须把握其所在的行业的最新技术发展态趋势和研究开发费用、人员等方面的投入，以免因技术落伍而被淘汰。比如当业内都已开展众筹、跨界、电商、微商等模式，广泛利用云计算、大数据、VR、AI等高科技时，如果还停留在传统的实体店思维上，那么失败几乎就是注定的。

选址者还应调研国家对业内科技开发的投资和支持重点、业内技术转移和技术商品化的速度、业内专利及保护情况等，这些动态常常决定某个行业的技术主流方向。

（5）N（Natural Factors），自然因素。

包括自然资源、环境保护、地理因素等。

很多自然资源是不可再生、稀缺或产量有上限的，店面的经营若涉及自然资源时，就必须对此加以分析并形成对策。比如玉石、红木家具等店面，就会遇到产量的上限与店面的销售上限以及单店销售快慢的矛盾与协调问题，在此情况下，店面必须采用创新的商业模式，否则很难生存，就更不用说发展了。

随着人类对人与自然的和谐关系的重视，每个店面都必须要考虑、适应、促进环境保护。有利环境保护的业务可以得到来自各个方面的支持。

在自然因素中，店面所处区域或所要进入区域的地理因素也会给经营带来很大影响。比如通常情况下，沿海城市的海鲜店面就会近水楼台先得月，进货方便、成本低；宁夏独特的盐碱地土壤使其店面的羊肉的味道独具风格；等等。

2. 行业概况。

主要包括目标区域内本店所在行业的历史、规模、特征、主要客户群、容量及潜力、发展趋势、竞争与合作情况、行业竞争的关键点等。

8.1.2 竞争者调研

我们可以采用经典的波特（Porter）的五力模型来分析主要竞争对手的情况以及与其力量对比。

五力模型法是哈佛大学教授迈克尔·波特在其名著《竞争战略》中提出的一种结构化环境分析方法——五要素分析法，有时也被称为五力分析，是波特用来分析一个组织或企业在市场中的竞争要素时提出的。波特认为企业的主要竞争来源于5个方面：供应商、购买者、潜在竞争者、替代品生产者，以及企业直接的竞争者。如图8–3所示。

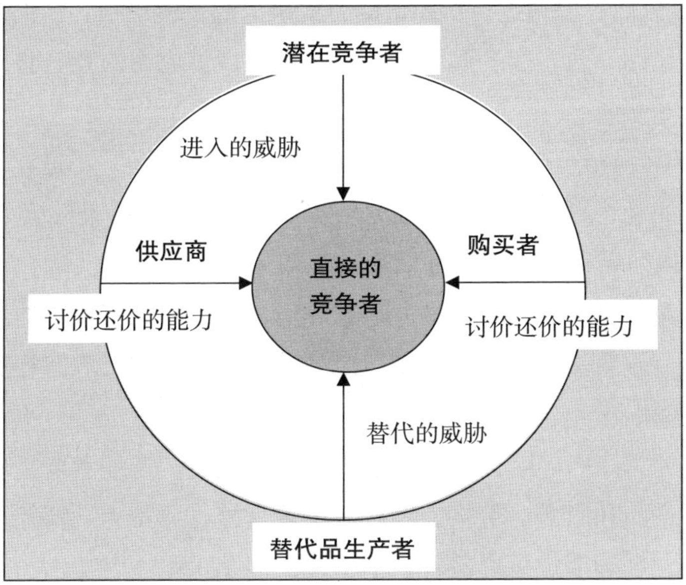

图8–3　波特的五力分析模型

（1）直接的竞争者指本店的同行，即目标区域内直接和本店展开竞争的店面、企业、个人或机构，它们可以和本店在所提供产品或服务的全部方面形成竞争，也可以在部分方面形成竞争。

（2）目前不是直接竞争者，但却有可能随时进入直接竞争的所有企业、个人或机构也是本店的潜在竞争者。一般而言，企业的上游供应商和下游销售商更容易成为本店的潜在竞争者，亦即本店的价值链的上游和下游企业、个人或机构应引起选址者在分析竞争者时的关注。

（3）几乎所有的产品或服务都存在替代品，其差别只是替代时间的早晚（因此替代品可以有现实替代品和未来替代品之分）和替代程度的不同而已（因此替代品有完全替代品和部分替代品之分）。通常，替代品限定了本店产品的最高价。但要记住的是，替代品对本店不只是威胁，还可能是机会。为了最大限度地减少替代品竞争带来的损失，选址者必须仔细分析如下几个方面：替代品给本店的产品和服务带来“灭顶之灾”还是提供了更高的利润或价值；购买者转而购买替代品的转移成本；本店可以采取什么措施来降低成本或增加附加值来降低消费者购买替代品的风险。

（4）供应商可以通过讨价还价的方式来提高供应价格，从而使本店的成本上升，并最终导致本店利润的下降。这种来自供应商的竞争必须引起选址者的注意。

（5）顾客同样可以通过讨价还价的方式和本店竞争，不过和供应商的竞争手段不同的是，顾客的竞争手段是使本店的产品价格降低，从而使本店收入减少，并最终导致本店利润的下降。

显然，对一个店面而言，最危险的环境是没有或只有很小的进入壁垒、存在替代品、原料受到供货商控制、产品受到买方控制、现有行业内竞争激烈的产业环境。

就调研的具体内容而言，比如对于直接竞争者，选址者要精确、详细地对标面积、产品和服务、价格、团队、位置、核心竞争力、特色、历史、品牌、营业额、利润率、投资额、营销手法、促销手段、财务实力、物流、供应商等具体内容。在这个调研的过程中，选址者通常要准确地找出至少20个最直接的竞争对手，然后全面、详细地对其进行调研。

调研直接竞争者可以参考表8–1的内容。

表8–1　直接竞争者调研表

店面基本信息			
店面名称			
店面地址			
注册资本		品牌	
商标及LOGO		核心定位与主要广告词	
投资额		网址及简单评价	
APP名称与基本功能、实用效果评价		微信、微博、头条、抖音、快手等名称及粉丝量、影响力	
房产是租赁还是购买		开业日期与开店时长	
联系方式		创始人	
直营店还是加盟店		该区域内自家连锁店数量	
店主或所有人		建筑面积和使用面积	
特色产品与服务		目标消费者	
同时容纳消费者数量		包间与大厅的位置数量	
公司还是个体经营		外资、中资独资还是合资	
主要荣誉和称号		楼层	
单店简介与照片			

续表

营销与销售			
商圈大小			
目标潜在消费者			
营销与销售渠道			
营销与销售广告媒介			
营销与销售时的主要“卖点”			
营销与销售团队人数与质量			
营销与销售的外包公司			
营销与销售方法			
消费者的消费优势			
消费者的消费支持			
消费者的消费流程	（线上订单，线下取货；先消费，后下单）		
消费者预定、服务电话	（固定电话、网谈通、微信、QQ、邮件、手机……）		
营销与销售年投入		每年每月每日的消费者数量	
营销与销售其他情况			
单店的营建			
选址负责人		施工图、效果图负责人	
办证负责人		装修负责人	
单店营建的其他情况			
单店的人员培训			
培训形式（课堂、实习等）		培训费用	
培训地点		培训师资	
培训内容		培训教材	
培训对象		培训考核	
培训时间		颁发证件	
培训其他情况			

续表

物流配送			
自建还是第三方		配送费用	
供应商情况		供应链成熟度	
配送内容			
配送其他情况			
客服			
客服人员数量		客服内容	
客服形式			
客服的其他情况			
研发			
研发人员		研发投入	
研发内容			
研发形式			
研发其他情况			
电商			
电商团队人数		电商平台名称	
电商与线下配合方式		电商价格与线下对比	
电商产品与线下对比		电商产品罗列	
电商宣传卖点		电商与线下导流状态	
电商销售额与趋势		电商占总销售比例	
电商未来规划		电商成本	
电商利润率与月利润			
电商其他情况			
外卖			
外卖团队人数		外卖平台名称	
外卖与线下配合方式		外卖价格与线下对比	
外卖产品与线下对比		外卖产品罗列	
外卖宣传卖点		外卖与线下导流状态	
外卖销售额与趋势		外卖占总销售比例	
外卖未来规划			
外卖其他情况			
人力资源			
总部组织架构、岗位设置、人数与各部门人数		总部人力质量描述	
人力资源其他情况			

续表

财务			
资金充裕状况		财务管理质量	
ERP状况		是否准备上市	
财务其他情况			
盈利模式			
单店主营业务		单店辅营业务	
单店主营业务的销售、利润占比		单店辅营业务的销售、利润占比	
单店盈利模式			
盈利模式其他情况			
单店的成本费用			
房租		装修	
机器设备		人力	
税收种类和比利		营销与销售	
管理费用		日常耗材	
供应链成本费用与利润			
成本费用的其他情况			
单店收入			
单店主营业务销售额		单店主营业务利润	
单店辅营业务销售额		单店辅营业务利润	
单店日流水		单店毛利率	
单店净利率		人均消费额	
营业时间		日均人流量	
单店收入的其他情况			
法律法规			
违法违规情况		知识产权	
法律法规的其他情况			
其他			
标准化情况		手册情况	
生产基地、培训学校、中央厨房等情况			
其他情况			

8.1.3 消费者调研

消费者调研的实质就是研究消费者市场，指研究所有为了消费而购买本店物品或服务的个人和组织所构成的市场。选址者必须对本店下述各个方面进行描述与分析。

1. 影响消费者购买行为的主要因素。

通常包括文化因素（文化、亚文化和社会阶层等）、社会因素（参照群体、家庭、社会角色与地位等）、个人因素（年龄所处生命周期阶段、职业、经济状况、生活方式、个性以及自我观念等）、心理因素（动机、知觉、学习以及信念和态度等）等。

2. 与购买有关的人们。

所有参与购买决策过程的人员构成采购者的决策单位，市场营销学称之为采购中心。采购中心通常包括5类成员。

（1）使用者，即具体使用欲购买的某种物品或服务的人员或机构。

（2）影响者，即在本店外部和内部直接或间接影响购买决策的人员或机构。

（3）采购者，即在本店中有组织采购工作的正式职权的人员或机构。

（4）决定者，即在本店中有批准购买产品或服务的权利的人员或机构。

（5）信息控制者，即在本店外部和内部能控制市场信息流通到使用者、影响者、采购者和决定者的人员或机构。

个人采购中心的情况和上述的本店采购中心类似，此处不再赘述。

需要说明的是，上述5类参与人员的其中几类可能是同一个人。比如对于一个单独就餐的成年人而言，使用者、采购者和决定者就是同一个人，就是这位单独就餐的成年人。

多数时候，只有上述5类参与人员同时做出同一个购买决策，购买行为才会实际发生，任何一类参与人员的不做购买决策或几类参与人员购买决策的不一致都可能导致购买的最终失败。所以店面必须同时对上述5类参与人员进行营销或相关行动。

3. 人们的购买行为类型。

根据参与者的介入程度和品牌间的差异程度，可将消费者的购买行为分为4种：习惯性购买行为、寻求多样化购买行为、化解不协调购买行为以及复杂购买行为。对具体的人而言，其购买行为并非终生固定，而会因时间、地点、情景等的变化而变化。

4. 购买决策过程。

在复杂购买行为中，购买者的购买决策过程由引起需要、收集信息、评价方案、决定购买和买后行为等5个阶段构成。购买者的需要往往由两种刺激引起，即内部刺激和外部刺激。通常，只有这5个阶段连续起来，最终的购买行为才会发生。按照木桶理论或链条理论，一个店面销售力度的强弱取决于这5个阶段中的最弱环节。所以，店面在这5个阶段的每一环节都要加强并使这5个阶段成为一个连续而非中断的整体。

5. 消费者收入的变化。

消费者收入包括消费者个人工资、红利、租金、退休金、馈赠等收入。消费者的购买力来自消费者收入，消费者收入是影响社会购买力、市场规模以及消费者支出数量和支出模式的一个重要因素。

6. 消费者支出模式的变化。

消费者支出模式主要受消费者收入、家庭生命周期的阶段、家庭所在地点等方面的影响。

7. 消费者或顾客的细分。

店面进行消费者分析时，要按一定的标准对消费者进行细分并准确描述每一类消费者的独特之处。

一般，一个店面的消费者市场细分的依据如表8–2所示。

表8–2　消费者市场细分依据

因素类型	消费品市场	行业／组织市场
个人／组织特点	年龄、性别、收入、家庭人口、生命周期阶段、地域、生活风格	行业、地域、规模、技术、营利能力、管理
购买／使用状况	购买量、特定品牌、使用目的、购买行为、购买重要性、选择标准	应用、购买的重要性、数量、购买的频率、购买的过程、选择标准、分销渠道

续表

因素类型	消费品市场	行业／组织市场
用户对产品特性的需求和偏好	产品相似性、价格偏好、品牌偏好、需要的性能、质量	业绩要求、供应商的帮助、品牌偏好、需要的性能、质量、服务要求

8.1.4 适合开店的商圈调研

此时调研商圈的类别是事先确定好的适合开店的那些类别，假设我们要选址的店的商圈包括3种商圈类别，分别是商业区、文教区、社区，则应分别针对每类商圈进行调研，调研的内容如表8–3所示。

表8–3　适合开店的商圈调研表

序号	商圈类别	具体商圈	地理位置	商圈面积	人口总数	有效人口比率	有效人口总数	商圈级别	自家店面数量	同业店面数量	同业著名品牌	房租	店面员工平均工资	人均消费额
1	商业区	1												
2		2												
3		……												
4		小计												
5	文教区	1												
6		2												
7		……												
8		小计												
9	社区	1												
10		2												
11		……												
12		小计												
13	总计													

8.1.5 市场各方对本店产品、服务、品牌等的反应调研

通常，人们对自己的认识是不客观的，所以，我们需要借助外界对我们的反应来更准确地认识自己。店面也是一样，需要选址者调研外界对于本店

的反应。

（1）市场的反应者主要是消费者，还有竞争者、供应商、合作伙伴、政府、行业协会、媒体等。

注意，店主、股东、员工、独特供应商等对本店产品、服务、品牌等的反应可以在对本店的内部调研里完成。

（2）市场反应的具体内容包括产品（类型、价格、包装、促销、渠道等）、服务、品牌、广告等所有方面。

对于市场各方对本店的反应，我们也可以设计一些问卷，比如表8–4所示《已有消费者调研表》和表8–5所示《社会大众调研表》。

表8–4　已有消费者调研表（某连锁餐饮企业）

亲爱的顾客：

您好！

感谢您对★★★一直以来的热爱和支持！为给您提供更优秀的产品和服务，我们请您花费宝贵的几分钟时间填写此份问卷，非常感谢！（您所填写的内容，我们会全部保密，务请放心；选择题可以多选；凭您手机号可以到本店享受一次8折优惠并免费成为会员）

1、您的基本情况

性别：□男 □女

职业：□公务员 □学生 □上班族 □老板 □高管 □其他 ________

学历：□高中及以下 □大专 □本科 □硕士 □博士

您的月收入：□2千元以下 □2~5千元 □5~8千元 □8千元~1.2万元 □1.2万元以上

年龄：□18岁以下 □19~25岁 □26~35岁 □36~50岁 □51~60岁 □60岁以上

顾客性质：□附近居民或上班族 □路过

您的手机号码：____________

2、关于消费

我们品牌的知名度：□很有名 □有名 □一般 □不知道

您消费的目的：□请客 □自己用餐

您一年内光临本店次数：________平均每次消费金额：________

平均每次消费人数：　　　您最喜欢的产品：

您消费时的同行人：□父母 □孩子 □爱人 □朋友 □同事 □商业伙伴 □自己 □其他

您的消费时间：□中午 □晚上 □夜宵

您的等位时间：□1分钟以内 □2~5分钟 □6~10分钟 □11~30分钟 □30分钟以上

您是我们的会员吗？□是 □不 □计划成为会员

您是提前预订还是临时光临？□提前预订 □临时光临

您最经常的消费方式：□堂食 □外带 □叫外卖

您叫外卖的最经常途径：□本店电话 □美团 □本店APP □其他

您喜欢的支付方式：□现金 □刷卡 □支付宝 □微信 □其他

您的光临方式：□自驾 □公交车 □地铁 □自行车 □步行 □出租车

3、您选择本店的原因：□距离近 □环境好 □产品好 □服务好 □价格低 □促销活动 □品牌 □其他

4、您对本店的评价

环境卫生：□满意 □不满意 □一般

温度：□满意 □不满意 □一般

装修：□满意 □不满意 □一般

产品价格：□满意 □不满意 □一般

分量：□满意 □不满意 □一般

出品速度：□满意 □不满意 □一般

口味：□满意 □不满意 □一般

品种丰富度：□满意 □不满意 □一般

服务规范：□满意 □不满意 □一般

礼貌：□满意 □不满意 □一般

整体评价：□满意 □不满意 □一般

5、您会向朋友推荐我们的店吗？□是 □不

6、您认为我们店的优点是：

____

____

7、您认为我们店的缺点是：

____

____

8、您对我们店的建议是：

____

____

再次感谢您的支持！祝您事业发达、生活幸福！

年 月 日

★★★公司

表8-5　社会大众调研表（某童装专卖连锁企业）

亲爱的先生/女士： 　　您好！ 　　为更好地服务包括您在内的童装消费者，请您花费宝贵的几分钟时间填写此份问卷，非常感谢！（您所填写的内容我们会全部保密，请放心；选择题可以多选）。 　　凭您手机号可以到★★★享受一次8折优惠、领取精美礼物、免费成为会员。 　　1、您的基本情况 　　性别：□男 □女 　　职业：□公务员 □学生 □上班族 □老板 □高管 □其他＿＿＿＿＿ 　　学历：□高中及以下 □大专 □本科 □硕士 □博士 　　您月收入：□2千元以下 □2~5千元 □5~8千元 □8千元~1.2万元 □1.2万元以上 　　年龄：□18岁以下 □19~25岁 □26~35岁 □36~50岁 □51~60岁 □60以上 　　您的手机号码：＿＿＿＿＿＿＿ 　　2、关于消费 　　您有几个孩子：□1个 □2个 □3个 □4个及以上 　　您孩子的年龄：□0~1岁 □1~2岁 □2~3岁 □3~4岁 □4~5岁 □5~6岁 □6~7岁 □7~8岁 □8~9岁 □9~11岁 □11~12岁 □12~13岁 □13~14岁 □14~15岁 　　您在购买童装时，通常购买的童装品牌是：＿＿＿＿＿＿＿（可填多项） 　　您最熟悉的童装品牌是：＿＿＿＿＿＿＿（可填多项） 　　您通常购买童装的渠道是：□网店 □街边店 □专卖店 □商场里的店 □微商 □展销会 □其他 　　您消费的目的：□自家孩子用 □送亲朋好友 　　您一年内购买童装的次数：＿＿＿＿＿次　平均每次消费金额：＿＿＿＿＿元 　　您的购买时间：□早上 □上午 □中午 □下午 □晚上 　　您喜欢成为某品牌、店、商家的会员吗？□是 □不 □无所谓 　　您是某品牌、店、商家的会员吗？□是 □不 　　您喜欢的支付方式：□现金 □刷卡 □支付宝 □微信 □其他 　　您的光临方式：□自驾 □公交车 □地铁 □自行车 □步行 □出租车 　　您之所以选择某店的原因：□距离近 □环境好 □产品好 □服务好 □价格低 □促销活动 □品牌 □品类多 □尺码全 □其他＿＿＿＿＿ 　　您消费时的同行人：□父母 □孩子 □爱人 □朋友 □同事 □商业伙伴 □自己 □其他＿＿＿＿＿ 　　您是否喜欢一家童装店的考虑因素：□环境卫生 □温度 □装修 □产品价格 □款式 □品种丰富度 □服务规范 □礼貌 □距离近 □其他＿＿＿＿＿ 　　您喜欢的童装风格：□时尚 □休闲 □运动 □酷 □可爱 □居家 □怀旧 □经典 □田园 □日韩 □欧美 □舒适 □安全 □民族 □其他＿＿＿＿＿

您喜欢的童装材质：□棉麻 □牛仔 □混纺 □雪纺 □化纤 □其他__________
您获得童装渠道的消息来自：□路过看到 □广告 □朋友介绍
□其他__________
您孩子的童装购买者是：□父母 □亲戚 □朋友 □同事 □孩子自己
□其他__________
您孩子的童装购买者多数时候是：□父亲 □母亲 □亲戚 □朋友 □同事
□其他__________
您购买童装时，希望同时买到：□儿童饰品 □玩具 □亲子装
□其他__________
您购买童装时，决定购买哪件的人是：□大人 □孩子 □大人和孩子一起
您的孩子多大年龄时开始参与购买服装的决策：□0~1岁 □1~2岁 □2~3岁
□3~4岁 □4~5岁 □5~6岁 □6~7岁 □7~8岁 □8~9岁 □9~11岁 □11~12岁
□12~13岁 □13~14岁 □14~15岁

再次感谢您的支持！祝您事业发达、生活幸福！

年　月　日

***公司

8.2 市场调研的方法与原则

8.2.1 市场调研的方法

市场调研的方法有很多。分类依据不同，可以有很多种分类结果。传统的调研方法包括实地调查法、访谈法、观察法、试验法、直接购买资料、用类似商业间谍的方法去竞争者那里获取信息、问卷法等。这些方法调研者都可以使用，也可以针对具体的问题同时采用几种方法。

现在的时代是网络时代，因此，调研者一定要学会使用网络这个利器。为最大化节省时间和费用，调研者可以先根据调研的目的、计划和内容利用网络进行信息搜索与整理，然后再对网络调研不足的部分，制订并实施非网络市场调研规划。如此，调研的时间和费用成本会大大降低，而调研的效率、质量则会极大提升。

具体而言，市场调研的方法可以包括如下几种。

1. 查阅统计报告。包括政府统计部门的相关数据和年鉴类的资料。

2. 走访统计部门。直接上门拜访可以获得深层信息。

3. 走访或咨询城市或地区的相关企事业单位、社会机构、行业协会和个人等。

4. 查阅相关资料、图书、经济与商业报刊、网站、APP、微信、微博等。耐心地搜索、查找是必需的，有时这样的调研会需要将诸多零散的信息进行整合。

5. 实地访查。实地感受的优点是直观、深刻、真实，缺点是容易形成片面、局部的浅层认识，而且这些认识通常是感性的，一般不能获得定量化的信息。利用这种方法进行调研的效果在很大程度上取决于调研人员自身的能力与素质。

6. 走访或咨询、求助于广告代理公司、媒体、投资机构、行业协会、甚至竞争对手等。这些机构中可能会有调研者需要的现成的信息和数据，有时需要付费。

7. 委托专业市场调研公司或研究机构。这样做的优点是节省自己的人力，调研结果可能更专业、时间可能更短、调研信息的质量可能更高。缺点是有时费用比较昂贵，调研者要慎重选择市调公司。

8. 下载或购买调研公司、商业协会等的现成的资料。

9. 目标对象抽样调研。可采用网上调研、电话调研、信函调研、入企访谈等方式。

10. 业内从业人员访谈。有时候，业内的多年从业人员、研究者、专家等能提供非常宝贵的、难得的信息和资料，可以使市场调研的效率大大提高，时间大为缩短。

11. 网上调研。在网络非常发达的今天，充分利用网上的资源可以在足不出户的情况下“尽知天下事”。

网络调研有很多技巧。

（1）善用不同的搜索引擎。用不同的搜索引擎可能搜索到不同的结果，所以不能只局限于使用某一种或几种搜索引擎。一定要记得，除了专门的搜索引擎外，每个网站几乎都有搜索的功能，包括企业的网站、协会的网站等；微博、博客、论坛、微信、QQ、抖音、头条等都可以搜索。

（2）善用不同的搜索关键词。搜索时除了输入直接的关键词，一定还要采用模糊及相关的搜索方法，如此才能最大限度地搜索到最多、最全面的信息资料。模糊及相关的意思是，搜索的关键词输入不要过于精确，而是要相对模糊，同时多输入几个相关的关键词，这样就可以查找到尽可能多的信息，否则会大大缩小获取信息的数量和范围，遗漏重要信息的可能也会增加。比如，在网上对美容院连锁的情况进行调研，不能只是输入“美容业市场调研报告”这个关键词，而应该分别输入“美容 市场调研报告”“美容 市场调研”“美容 市场”“美容”等多个关键词，这样搜索到的信息会更详尽和全面。

（3）尽量坚持看完每个页面。搜索时，某个搜索引擎中某个关键词的搜索结果可能会很多，一定要尽量看完每一个页面，而不能只看前几页，因为极有可能的是，重要的信息会出现在后面。不用担心每个页面都看会消耗大量时间，因为网络上的内容重复度很高，而且随着对调研内容的逐渐熟悉，阅读速度会越来越快的。

（4）要求自己一定要对看到的每个页面都得出至少两条有用的结论。这种“强迫症”会使漏掉的信息最小化。比如即便看到的全是广告，也应该得出类似“这个行业的企业很踊跃，大家争相做广告”“广告传达的主要诉求包括……”的结论；如果看到的页面是招聘消息，也要能得出类似“企业招聘的热点岗位是……”“企业都在大量招聘招商人员，说明企业都急于扩张连锁店”的结论。

（5）辨别真伪。网络上的信息真假并存，要学会辨别真伪。

（6）边看边做笔记。在利用网络调研的方法填充事先做好的调研目录（这个事先做好的调研目录也一定要随着调研的进展不断更新，甚至是颠覆性大更新）时，对于能填充对应目录的“有用”信息，应直接摘取或复制到目录文件里。要切记，如果看到的信息在目录里没有对应的章节，但“感觉”这个消息有用，千万不要因为目录里没有对应的章节就放弃这个信息，而一定要把这个有用的信息放到一个专门的文件里。

（7）先用网络调研的方法完善目录，比如完善了三级目录之后（这个目录后续也可能会改变），调研者可以分别针对不同级别的目录名称分别采用网络调研的方法在目录名称之下填空。

12. 实验法。通过有目的和计划的实验，可以获得正常情况下不易获得的信息。

13. 桌上研究法。通过对某一或某些企业的信息资料的研究，也可以获得相应的市场信息。

14. 参加会议。参加博览会、展览会、高峰论坛、研修会、交流会、特训营、培训班、发布会、沙龙、讲座等，查看广告宣传、记录现场演讲的PPT，和专家、同行交流，可从不同的角度获得有关市场的有价值的信息。

15. 通过应聘或招聘也可获得信息。

16. 通过合作获得信息。

8.2.2 市场调研的原则

1. 围绕目的进行，不要随意放大或缩小调研的范围。

2. 节省成本原则。在选择调研方法时，在效果相当的情况下，优先选用成本低、速度快的方法。在调研活动中，也应时时、处处注意节约成本，比如当发现网上资料非常丰富时，调研者就应该迅速减少或甚至停止其余耗费成本的重复性活动。

3. 随时记录原则。记录的方式包括笔记、录音、录像等。为此，调研人员在实际调研活动前，一定要带齐必备的工具。对于获得的资料，要妥善备份，以免丢失。

4. 随时根据实际进展进行修正的灵活性原则。调研者应根据实际工作的情况，灵活性地对原计划或实际调研活动进行修正，比如增减调研内容、改变调研方法、调整调研人员等。

5. 定期交流沟通原则。在调研人员较多、项目较多、时间较长时，各调研人员或小组之间应保持定期的紧密交流沟通，以便参与人员都能及时掌握调研的现状和进展，避免做重复性的工作，同时可交流经验、共享资料数据。

6. 组织化进行原则。市场调研必须有组织地进行，比如要有专门负责领导、监督和协调人员，具体的执行人员以及各个工作的分工实施人员。

7. 保存原始资料原则。调研工作的最后会从大量的原始资料中整理出完整的调研报告。同时要注意，必须保存调研中的原始资料，文件、照片、录音、录像、媒体报道原件、资料、书籍等，以备后续查询、对照的需要。

8. 边调研边记录结论或灵感的火花。在调研的时候，调研者可能会有各种各样的甚至是一闪而过的灵感火花，不管有用还是“感觉”有用，都一定要随手记录，不能把调研与得出结论完全分开进行。

9. 采用图表、数字的方式显示调研结果，尽量避免纯文字的、感性的描述。

8.3 市场调研的步骤与调研报告内容

8.3.1 市场调研6步骤

按照时间顺序，市场调研可分为如下6个步骤。如图8–4所示。

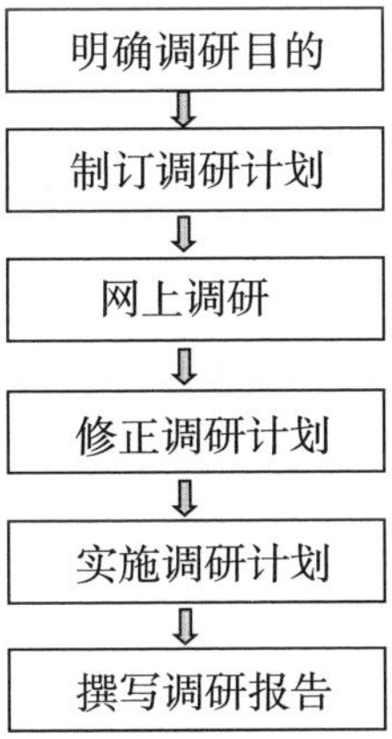

图8–4　市场调研的步骤

第一步，明确调研目的。

目的一定要明确、具体，能为调研执行人员清晰、准确地理解和掌握。

第二步，制订调研计划。

因为市场调研是一项系统性的工作，对于后面的决策具有决定性的意义，所以企业一定要耐心、认真地制订市场调研计划。在某种程度上，计划的好坏将直接决定市场调研的成败，进而决定开店的成败，所以这个步骤必须引起调研者的高度重视。

一般而言，市场调研计划的内容至少应包括如下几项。

（1）调研目的。

（2）调研对象。采用罗列的方式把所有需要调研的对象整理出来，并可以把它们按照某种标准进行分类。同时可以对每类调研对象做一个简单说明，内容包括名称、地址、性质、联系方式等。

（3）调研原则。调研人工作时的一些指导性规定。

（4）调研程序。本次调研工作的流程，包括从调研计划和设计、分组实施、统计结果、分析结果，一直到撰写报告等。

（5）调研内容。针对每一个调研对象，分别详细地列出对其进行的调研内容。调研的内容越详细，实施调研活动的效率就会越高，并且不容易遗漏。

（6）调研安排。实际上是整个调研的工作任务分配计划，可以使用表格的形式详细罗列整个调研工作中针对每一种调研对象具体的调研方式、调研时间安排、调研人员（执行人）、交通工具、调研地点以及活动的经济预算等。

（7）调研需用的一些附件，比如消费者问卷调研表等。

设计完市场调研计划之后，为了使市场调研计划能顺利、成功地实施，必须对相关的调研人员进行培训。

第三步，网上调研。

如前所述，针对每个调研的对象和内容，企业要先进行网上调研。因为企业在网上调研之后可能会发现，其所需要的调研内容的大多数或甚至全部都已经完成了。

第四步，修正调研计划。

根据上一步的网络调研的结果，修正调研计划。

第五步，实施调研计划。

按照上一步修正的调研计划，实施非网络调研。

第六步，撰写调研报告。

8.3.2 调研报告的内容

一般而言，一份完整、科学的市场调研报告至少必须包括以下内容。

1. 封面。

在报告书的封面，一般包括如下信息。

（1）标题，即本次调研的名称。可以在主标题下加副标题。比如《徐州市火锅市场调研报告——关于★★★火锅在徐州市的开店可行性研究报告》。

（2）本报告的委托人。

（3）本报告的实际执行人，即调研方。

（4）本报告的编制日期。

2. 摘要或简介。把本次调研的结论概括出来。要用非常简短凝练的语言、按照市场调研的时间顺序概述本次调研的基本情况，主要包括4个方面内容。

（1）本次调研的由来、原因以及本次调研的目的。

（2）本次调研的对象、内容、时间、地点、要点。

（3）本次调研的方法。对选用该方法的原因做简短说明，同时还要对数据分析处理的方法做必要的说明，比如指数平滑分析、回归分析、聚类分析等。如果这部分内容很多，可放在本报告的附件中。

（4）本次调研的结论。做直接、简单概述，最后一定要明确指向本次调研的主要目的，比如“可否在这个区域开设单店”“建议该单店开设在哪些具体的商圈之内”。

3. 目录。

设置目录可以使读者迅速了解整个报告的结构并找到最想先看的内容。

一般而言，目录层次最多到三级，各级目录文字在大小、粗细、样式等方面可以有所区别，以便阅读者能清晰、准确、迅速地掌握整个调研报告的谋篇布局。

4. 正文。

正文是市场调研报告的主体部分，主要包括全部调研结果和必要的市场信息，以及对这些情况和内容的分析评论等。

5. 结论与建议。

结论和建议要和本次调研的目的以及正文部分的论述紧密对应。

6. 附录。

包括参考资料、引用文件、数据汇总表、原始资料、补充说明、调研问卷等。

7. 在编制调研报告时要注意以下几点。

（1）能用图表说明的内容尽量用图表，这样更直观、给人印象深刻、更容易发现问题和规律。要综合应用各种图表，比如柱状图表、条形图表、饼形图表、线形图表。

（2）语言简洁、凝练。

（3）既要有好的内容，还要有优美的文本编辑、规范的排版，或者说，报告书应该“内外兼修”。

（4）应该根据实际的不同需要，对报告的形式、风格加以调整，使市场调研报告能够有更丰富的内涵和更方便读者阅读。

《目标区域市场调研报告》目录示例

1 前言

2 调研安排

3 行业

3.1 宏观环境PESTN与O（机会）、T（威胁）

3.1.1 P（法律法规政策）与O（机会）、T（威胁）

3.1.2 E（经济因素）与O（机会）、T（威胁）

3.1.3 S（社会文化因素）与O（机会）、T（威胁）

3.1.4 T（技术因素）与O（机会）、T（威胁）

3.1.5 N（自然因素）与O（机会）、T（威胁）

3.2 行业概况

3.2.1 发展简史

3.2.2 规模、容量及潜力

3.2.3 主要客户群与消费特点

3.2.4 相关的文化

3.2.5 企业营利模式

3.2.6 行业集中度

3.2.7 行业进入壁垒

3.2.8 行业竞争的关键点

3.2.9 主要品牌

3.2.10 发展特点

3.2.11 主要问题

3.2.12 电商状况

3.2.13 相关产业的影响

3.2.14 发展趋势

3.2.15 其他

4 竞争者（波特五力法）

4.1 直接竞争者

4.1.1 《直接竞争者调研表》基本概况结果分析

4.1.2 主要对标即直接竞争者概况分析

4.2 供应商

4.3 消费者

4.4 潜在的进入者

4.5 替代品生产者

5 消费者

5.1 《社会大众调研表》结果分析

5.2 《已有消费者调研表》结果分析

5.3 消费者其余状况补充

6 适合开店的商圈

7 外在各方对企业的反应

8 附件

8.1 调研表及问卷

8.1.1 《直接竞争者调研表》

8.1.2 《已有消费者调研表》

8.1.3 《社会大众调研表》

8.2 目标区域的与本店相关的法律法规与政策

8.3 目标区域的与本店相关的标准

8.4 目标区域的与本店相关的商协会

8.5 目标区域的与本店相关的大中专院校与社会培训

8.6 目标区域的与本店相关的专业媒体

第 9 章　选择店址适合的目标商圈

9.1 选择步骤和方法

在目标区域市场调研之后，我们已经掌握了意图进入区域内适合开设本店的商圈的数量和基本指标，接下来就需要在众多商圈中选择真正可确定初选地址的商圈。

选择的步骤和方法如下。

第一步，在已完成的《适合开店的商圈调研表》中，对各个商圈的基本指标赋予权重，形成《目标商圈评分表》。如表9–1所示。

第二步，针对每个具体商圈、对每项基本指标打分。

第三步，根据分数高低，就可以找出真正可确定初选地址的商圈的顺序了。

9.2 目标商圈评分表

表9–1　目标商圈评分表

序号	商圈类别	具体商圈	地理位置	商圈面积	人口总数	有效人口比率	有效人口总数	商圈级别	自家店面数量	同业店面数量	同业著名品牌	房租	店面员工平均工资	人均消费额	加权总分
权重															
1	商业区	1													
2		2													
3		……													
4		小计													
5	文教区	1													
6		2													
7		……													
8		小计													
9	社区	1													
10		2													
11		……													
12		小计													
13	总计														

当然，选址者也可以对适合开店的不同类别的商圈赋予不同的权重或优先顺序，比如在上面的例子中，可以优先选择商业区、文教区、社区。

在赋予商圈指标权重或针对每项指标打分的时候，选址者可以根据自己的实际情况设置某几项指标是一票否决项。比如选址者通常会在房租、商圈级别、地理位置等指标上设置一票否决的选址规则。

形成《目标商圈评分表》的关键之一在于权重的赋值以及打分的科学性。为此，选址者可以采用小组打分、德尔菲法、1—0比较法等多种方法。

最后，选址者通常应选择至少3个目标商圈进入初选地址步骤。

第 10 章　确定初选地址原则

10.1 设计初选地址原则的原因和初选地址原则的内容

10.1.1 设计初选地址原则的原因

评估与判断一处地址是否适合需要考虑的因素非常多，可能有几十或一百多条，但选址者不可能对目标商圈内的每个地址与周边状况都进行详尽的调研、评估，这样时间太长、成本太高。所以选址者必须进一步地压缩要进行详尽调研、评估的店址数量。

为此，初选地址原则应简化，通过这些简化的原则，选址人员不需要消耗太多的时间、财力、精力就能快速地筛选出数量不多的一批初选地址，然后再对这几个初选地址进行详尽调研以确定最终的地址。

如果是特许经营企业，初选地址原则通常会出现在《加盟指南》上，以便潜在的受许人衡量自己已有地址以及未来选址的情况。

10.1.2 初选地址原则的内容

初选地址的数量多少与初选地址原则的详尽度成负相关关系，即初选地址原则越少，这些原则越缺乏足够的约束力，初选地址的数量越多，后续的调研、评估并确定最终店址的工作难度和复杂度就越大；初选地址原则越多，使选址的弹性过小，操作起来会犹如桌子底下打拳，碍手碍脚，初选地址的数量就越少。

从成本节省、速度快、便于操作、初选地址数量不多等角度出发，通常初选地址原则的内容可以包括如下几项。

1. 建筑物本身。

包括面积（建筑面积，使用面积）、门脸宽和高、挑高、纵深、朝向、形状、毛坯还是精装修、外在形象、主体结构（框架、砖混、简易），总层数与本店楼层、橱窗等。

2. 附属建筑物。

包括停车场大小与停车位数量、是否有专属停车位、停车位紧张状态、收费标准、周边绿化状况等。

3. 交通。

（1）门前道路。包括是主干道还是小路、是否是十字路口、是否是丁字路口、是否是路边、是否是拐弯、路宽情况、是否是封闭路、是否是单行线等。

（2）公交车。包括店面周边100米内有几个公交车站、几路公交车、公交车的频率、公交车的行驶距离、公交车经过的商圈级别等。

（3）地铁。比如店面距离地铁口的距离。

（4）出租车。比如店面门口可否停出租车。

（5）可达性。包括有几条道路到达本店，分别是几条机动车道或人行道。

4. 可视性。

包括店面门前是否有电线杆、变压器、路牌、树木、花草等遮挡物；左右50米距离的可视性等。

5. 商圈。

商圈非常重要，尤其是商圈内有效顾客的数量。

星巴克选址的时候就要求店面周边1000米内办公人数达到5000人，且消费能力符合要求。如果有效顾客特别多，或者有效人口密度很大，星巴克就会集中群体开店，比如2019年9月25日，在北京大兴国际机场，包括1家高端甄选店在内的4家星巴克门店正式开业，这还不够，星巴克当时还表示将在机场内共开设10家门店。

汽配零售商AutoZone（汽车地带）选址的一个最重要的考虑因素是商圈内的汽车车龄。公司会重点调研意欲开店区域的超过7年车龄的车的数量，因为此类车通常超过了质保期，它们在AutoZone（汽车地带）之类的连锁店里接受维修和保养的概率会增加，而质保期内的车辆多数会选择在4S店内进行维修和保养。

具体而言，要确定商圈情况包括如下几个方面。

（1）人群性质。商业区、社区、办公区、交通区、文教区、金融区、厂矿区、娱乐区、景区、综合区等。

（2）商圈级别。一类、二类、三类、四类、五类等。

（3）商圈状况。商圈半径、面积，商圈内政府机构规模与数量、企事业规模与数量、商超规模与数量、住宅数与房价、公园规模与数量等。

（4）商圈内人口。总人口数、有效人口数、有效人口比例、家庭数、性别分布、年龄分布、职业分布、人均月收入、人均月可支配收入、人均购买力、出行方式、消费时间段等。

（5）商圈成熟度。形成期、成长期、成熟期、衰退期。

6. 房租：

包括压几付几、每天每平方米的租金、免租期、最短和最长租期、房租每年增长率、转让费、盘店费等。

选址者在实际确定自己的初选地址原则时，可以从上面的各项中选出几项来组合成自己的初选地址原则。

10.2 初选地址原则的实例参考

1. 赛百味奉行其独有的“PAVE”方案，即任何一家店必须同时具备这4项标准。“P”就是人口，必须要求附近具备一定数量的居民或流动人口。“A”是容易接近性，即是不是容易达到，交通是否便利。“V”是可见性，是不是能够被路人一眼看到。“E”是顾客的有效消费能力。

2. 7–11的开店原则大致可以归纳为以下几点。

（1）占地为角落型或长条形，面积100平方米左右。

（2）交通便利，主要消费群可在10分钟内步行到达。

（3）周边100米内不能有7–11的便利店，尽量保证周边300米内有1～2家7–11的便利店。

（4）每家便利店必须有明确的目标人群定位。

3. 国美电器的选址标准。

（1）面积。原则上营业面积应大于1000平方米，其中附属周转库房面积应大于200平方米。

（2）楼层。原则上只选择首层，可以考虑首层带二层。

（3）交通。具备不少于20个停车位，公共交通便利的商业区域为最佳。

（4）期限。租赁期限应在5年以上，10年以下。

4. 家乐福的部分选址原则。

（1）开在十字路口。Carrefour的法文意思即为十字路口。

（2）3000米半径内人口必须达20万。

（3）消费者步行、骑自行车、开车均能在10分钟内到达卖场。

（4）家乐福店可开在地下室，也可开在四层或五层，但最佳为地面一层或二层、地下一层。家乐福一般占两层空间，不开三层。

（5）一般是在城市边缘的城乡接合部开店。

5. 麦德龙超市。

因为麦德龙仓储式超市是将超市和仓储合而为一的零售业态，所以其地址通常设在大城市城乡接合部的高速公路或主干道附近。这样既避免了市中心及市区的交通拥挤，又因土地价格相对便宜，减少了投资风险。同时，选址还适应了城乡一体化的发展趋势，提前占据区位优势。其商圈的辐射半径通常为50千米，既背靠城市，又面向乡村。

当然，企业也可以采用一些非常简便但迅速有效的初选地址原则，比如就把店址就选在距离某竞争对手或参照店的附近（距离麦当劳200米之内）、选在固定的区域内（合作伙伴店的内部）等。

需要注意的是，随着时间的推移，企业的初选地址原则不应是一成不变的。比如沃尔玛在开业之初，是不在任何一个超过5000人的城镇设店的，其战略目的是保障以绝对优势成为小城镇零售业的支配者。沃尔玛创始人山姆·沃尔顿说："我们尽可能地在距离库房近一些的地方开店，然后，我们就会把那一地区的地图填满；一个州接着一个州，一个县接着一个县，直到我们使那个市场饱和。"但从20世纪80年代末到90年代初开始，沃尔玛开始进军都市市场，人口密集的大都市也成了沃尔玛的必争之地。

中国的家电连锁著名品牌国美等企业恰恰相反，它们最初只在大、中城市选址。但随着大、中城市市场的饱和以及小城市和郊区、农村市场消费力的逐渐崛起，国美等家电也连锁巨头开始把店开向远离大中城市的地区，占领小城市、城镇和农村市场成为其新一轮战略目标。

另外，初选地址原则必须针对不同的目标店类型，比如独立店、店中店、专柜型店；单层店、多层店；地下店、底层店、中层店、高层店；大店、中店、小店等，具体可参照《初选地址原则表》。如表10–1所示。

表10-1　某连锁企业的初选地址原则

序号	初选地址原则	原则细项	大店			中店			小店		
			一线城市	二线城市	三四线城市	一线城市	二线城市	三四线城市	一线城市	二线城市	三四线城市
1	建筑物本身	面积区间（平方米）	501以上	401以上	301以上	301~500	201~400	151~300	120~300	100~200	80~150
2		楼层	底商	底商	底商	底商	底商	底商	底商	底商	底商
3	交通	主干道	可以是	可以是	必须是	可以是	可以是	必须是	可以是	必须是	必须是
4		距离公交车站（米）	80之内	120之内	160之内	60之内	100之内	140之内	50之内	80之内	100之内
5	租期	最少租期（年）	4	3	2	3	3	2	3	2	2
6	商圈	文教区	√	√	√	√	√	√	√	√	√
7		商业区	√	√	√	√	√		√		
8		社区	√	√							

第 11 章　初选店址

单店选址的方法非常多，企业可根据自己的实际情况采取一种或几种。比如在上海星巴克的选址方法中，公司自己选址、中介介绍、各大房产公司建楼时主动引进3种选择方式的比例大概是1：1：2。

实践证明，因为每种方法都有自己的利弊和适用条件，所以不同方法结合使用常会产生更好的效果。

下面详细阐述一些常用的选址基本方法。

11.1 “扫街”选址

所谓“扫街”，指的是选址人亲自实地考察，沿街搜寻合适的店址，以现场发现可用地址。“扫街”选址的实施人可以是单店的员工，也可以是聘请的临时员工。

11.1.1 “扫街”操作手法和注意事项

“扫街”选址时，要在前述确定的目标商圈里进行。

1. 要事先确定详细、科学的行走路线，以免重复和遗漏。

2. 准备好“扫街”选址的必备工具。

包括纸笔、照相机（或摄像机）、《店址基本情况表》等记录工具，移动电话等联络工具，标有自己确定的行走路线的地图等指导工具，以及机动车或自行车等交通工具。

《店址基本情况表》的内容是“扫街”选址人通过观察或简单的询问、操作就可以获得的，因此仅用于选出第一批初选地址。如表11-1所示。

表11-1 店址基本情况表

序号	需描述项目	描述内容提示
1	准确地址	准确的门牌号。
2 3 4	建筑物本身	（1）基本情况。包括面积（建筑面积，使用面积）、门脸宽和高、挑高、纵深、朝向、形状、毛坯还是精装修、外在形象、主体结构（框架、砖混、简易）、总层数与本店楼层、橱窗等 （2）店内布局。主要是空间和平面的布局，画出布局草图，标注尺寸
5	附属建筑物	包括停车场大小与停车位，有否专属停车位，停车位紧张状态，收费标准，周边绿化状况等
6	交通	（1）门前道路。是否是主干道、小路、十字路口、丁字路口、路边、拐弯、封闭路、单行线等 （2）公交车。包括店面周边100米内有几个公交车站、几路公交车、公交车的频率、公交车的行驶距离、公交车经过的商圈级别等 （3）地铁。比如店面距离地铁口的距离 （4）出租车。比如店面门口可否停出租车 （5）可达性。包括有几条道路到达本店，分别是几条机动车道或人行道
7	可视性	包括店面门前是否有电线杆、变压器、路牌、树木、花草等遮挡物；左右50米距离的可视性等
8	商圈	（1）人群性质。商业区、社区、办公区、交通区、文教区、金融区、厂矿区、娱乐区、景区、综合区等 （2）商圈级别。一类、二类、三类、四类、五类等 （3）商圈状况。商圈半径、面积，商圈内政府机构规模与数量、企事业规模与数量、商超规模与数量、住宅数与房价、公园规模与数量等 （4）商圈内人口。总人口数、有效人口数、有效人口比例、人均月收入、人均购买力、出行方式、消费时间段等 （5）商圈成熟度。比如是形成期、成长期、成熟期、衰退期

续表

序号	需描述项目	描述内容提示
9	店前人流	店前人流的年龄、职业、数量、性别、过往原因、去向等
10	邻居店	包括上下、左右、街对面各自至少5家邻居店的名称、经营内容、面积、已租赁时长、它们对该地段的评价等
11	原有店业务	最好是近三年的所有经营业务内容、时长及闭店原因
12	租售原因	新店租售？原店失败？原店主放弃经营？租售多长时间？
13	租金或出售价格	压几付几、每天每平方米的租金、免租期、房租每年增长率、转让费、盘店费等
14	租期	最短和最长租期、可能的续租期
15	联系人、方式	最好是直接租售人的联系方式；尽量多留几个联系方式，以确保能随时联系得到
16	可看房时间	一定要准确记录年月日和时段
17	其他信息	认为对租售和未来经营有影响的信息
18	照片	不同角度的照片
19	总结利弊	“扫街”选址人对该处地址利弊的观点与判断

注：该表用于“扫街”选址时的粗略记录与描述，不必特别精细，但一定要准确。

3. 确定“扫街”路线并准备好工具，组织“扫街”人员现场考察。

一般而言，如果“扫街”区域较大可用机动车，否则最好用自行车或步行的方式扫街。采用自行车或步行的好处是可以使“扫街”选址人员有足够的时间来体会、细细勘察每一处地址，否则走马观花快速浏览很容易造成遗漏，还会经常出现因停车、交通堵塞等原因造成的时间浪费。同时，采用自行车或步行方式的选址人员还能亲临其境地感受目标商圈的气氛与环境，相当于同时做了粗略的市场调查与体验，这样可以更加准确地判断某地址商业氛围的好坏。

在考察时，一定要区分两种店面情况并分别采取相应措施。

（1）公开展示其租售信息的店址，多留意店外（含附近）和店内的租售标志。

通常，想要出租或出售的店址都会把其租售信息以某种形式在其店内、店外和附近展示出来，比如，店外展示牌或贴在店外的通知；店内橱窗张贴；店面附近建筑物上张贴；店内前台的展示牌。

发现这些公开租售的信息之后，“扫街”选址人一定要立即拨打联系电话以确认电话号码准确和该房屋是否已租售出去，并就该房屋的一些基本情况进行询问，记录在《店址基本情况表》中，可能的话，还可约租售人实地看房或约定看房时间。还要记住，如果该店址符合基本条件，就要拍摄店址的内外照片，以供后续使用。店址的照片应尽量应包括4类。一是外观正面照片，即正对店门正面拍照，多层店应尽可能把各层都拍到。二是外观正左、正右侧面照，即从店门的左、右侧分别拍摄包括店门前空间的照片。三是远观照片，即从较远的位置拍摄该店址的全景图，应能包括店前空间、店面左右至少5家邻居、店面所在的建筑物等。四是店内照片，主要应包括房屋格局、柱子、台阶、楼梯、天花板及特殊位置处（比如加高处）。

（2）隐藏其租售信息的店址。

有时候店址的租售人并不想让别人知道其租售计划（因为这样可能会影响客人消费、使员工人心涣散等），或者现有的店址拥有人或使用人自己都不知道自己有租售的意愿，那么这种时候，“扫街”选址人就要主动询问以发现更多机会。仍然需要记住填写《店址基本情况表》。

询问时有几点要特别注意：一是，不是所有店都去询问，应只问那些条件符合既定初选地址原则的店。二是，不要询问前台、服务员等工作人员，最好直接询问该店的老板或“一把手”，因为保密等原因，店址的租售人不会告诉其下属关于店址租售的信息。三是，不能张扬，因为有些租售人不想在租售实际发生前让过多人知道相关情况。四是，询问要讲礼貌和技巧，可以用聊天的方式开始，逐步试探对方是否有租售意图。

如果不询问，还可以给每个店面发一张“诚租店址”的说明。投递这种说明是有技巧的。一是要么在店铺闭店后塞到店门位置，要么直接找到店主或“一把手”发放，千万不要随意交给店里的前台或服务员，否则这个说明到达真正决策者手中的概率会极低。二是一定要在说明上强调“高价”，只有这样，店铺的租售人才会主动联系你，先不用担心实际谈判的结果是不是高价，因为现在需要的只是知道店铺是否租售。

每天“扫街”选址结束时，一定要做完整和条理清楚的总结与记录，认真填写《店址基本情况表》，以便将来做店址审核、评估之用。同时，如果有几组人分头“扫街”选址，那么还应在每天工作结束时开个碰头会，交流一下信息、经验和教训。

4. 看完目标商圈内的所有店址后，即可安排对店址的评估、谈判等事宜。在现实操作中，因为好的店址会有许多竞争者在争抢，所以一定要先下手为强。可以采取“脚踩两只船”战略，即看房和谈判同时进行：一面和基本满意的店址的租售人进行谈判；一面继续联系其他房源。

11.1.2 “扫街”选址法的优缺点和适用对象

1. 优点。

（1）省去中介费用。

（2）避免遭遇不良中介的风险。

（3）可在选址的同时进行初步市场调查和体验，以对选址的准确性更有把握。

（4）可发现很多不公开的租售信息。

（5）利于自身选址工作的保密性。

2. 缺点。

（1）时间可能会较长，区域面积较大、地形复杂、交通工具采用步行或自行车时更是如此。

（2）对“扫街”选址人的要求较高，要求其具有一定的体力、耐力、谈判能力、工具使用能力、敏锐力、对未来店址的理解力、判断力等。

3. 适用对象。

（1）目标“扫街”商圈面积不大。

（2）有合适的选址人，包括数量和质量。比如在人数上，一般应至少2人，最多不要超过4人，这样可减少疲劳、厌倦、枯燥感，同时，多人一起工作，可以互相商量、鼓励、协助等。

（3）店址需用不是很着急，因为“扫街”选址法需要一定时间和耐性。

11.2 通过中介选址

随着市场经济的发展，中介性的组织或个人业务也发展起来。但实践证明，受各种宏观、微观的主客观条件制约，中介公司或个人仍然存在各种不足。

所以，企业或个人在选址时，一方面要善于利用中介公司或个人；另一方面又要有辨别中介公司或个人的能力，以免上当受骗。

11.2.1 选择中介应注意的问题

1. 选择正规注册的公司。

一些非法经营的中介公司或个人可能会拥有特殊信息、便宜价格、速度快捷等优点，但选址时应尽量与正规注册的中介公司合作。除了在经营上的合法之外，正规注册的公司还有许多独特的优势，比如可帮助贷款、提供第三方保证、协助办理租售事宜、提供店面的规划与装潢协助、提供市场与商圈分析等。

2. 中介的实力。

这一点可以从中介公司的品牌、商誉、注册资本、网点规模与数量、经营时长、员工素质与数量、业务量、证书等方面来判断。

3. 中介的信誉。

考察中介信誉的手段有许多，比如考察其所获奖项、从业资质、业界名声、顾客反馈、诉讼事件等都可以获得某些对该中介的信誉的认识。实践证明，向其已有的顾客咨询可能获得最为真实可靠的信誉判断。

4. 中介的费用。

可通过多比较几家的方式来选择收费合理的中介。

5. 中介的服务。

要比较的服务内容应既包括寻址服务，也包括寻址后的辅助服务。

11.2.2 中介选址法的操作手法

1. 了解尽可能多的中介。

寻找中介的方法包括网上查找、在报纸等媒体广告上查找、通过别人介绍、查阅城市黄页等。注意，不同中介的主要经营内容并不相同，比如有的中介主攻办公楼，有的主攻住宅，有的主攻二手房买卖。在选址时需要寻找主攻商铺的中介，借助其专业性才能得到更好的结果。

2. 核实每家中介的实力与资质，确定准备合作的几家。

3. 与各家中介洽谈，告知其自己的详细选址要求。

要注意，如果你的选址是秘密进行的，那么一定要与中介签署《选址保密协议》，以免中介将相关选址信息透露出去。

4. 专人负责与中介的督促、沟通、洽谈、看房、谈判等事宜。

5. 评估并确定中介推荐的地址。

11.2.3 中介选址法优缺点和适用对象

1. 优点。

（1）省事。这是外包的典型益处。

（2）可能会更快捷。因为中介手中一般都有大量房源，所以有可能立即就能提供几个待选地址。

（3）获得专业协助。比如有的中介会在房屋产权鉴定、纠纷解决、房价谈判、装修协助、获得贷款、市场与商圈分析等方面提供支持与指导。

2. 缺点。

（1）中介费。中介的收费标准不一致，有的很昂贵，可能是几个月的房租。

（2）上当受骗。毋庸讳言，中介市场确实存在坑骗定金、加收保证金、抬高房价、牟取不法暴利、隐瞒产权纠纷等现象。

（3）找不到合适地址。这是经常发生的情况，中介有时并不愿意全力以赴，同时，当竞争者也找到同一中介时，对于同一地址资源，中介可能会把它给出价最高而不是最先提出需求的一方。

3. 适用对象。

（1）时间要求比较紧迫。

（2）有合适的中介。

（3）愿意且有能力支付中介费。

（4）进入不熟悉的外地市场时。

（5）自己缺少选址的专业人才和知识。

11.3 发布寻租或寻售广告选址

与自己主动出击寻找地址的方法相比，发布广告的方法更倾向于等待别人上门。

11.3.1 发布寻租或寻售广告操作手法

1. 确定要发布广告的媒介。

现代社会广告媒介非常多，既包括传统的电视、广播、报纸、杂志、图书等，也包括电子邮件、手机短信、电梯广告、车身广告、直投杂志、聊天工具、社交软件等，这些媒介在广告效果上都是各有利弊的，并没有哪个是绝对的最好。因为肯定不能选择所有的媒介，所以要在诸多媒介中选择一个或几个最适合自己的。就实际情况来看，选址信息的广告多见于网络、报纸和张贴海报。

一般而言，选择媒介时要考虑几个因素。一是，媒介和目标对象越接近越好。二是，价格是一个不得不考虑的关键因素，但同时还应关注性价比。三是，考虑媒介的覆盖范围，全国性的媒介不一定就是最好的选择，有时候地方性的甚至局部区域性的广告媒介效果会更好。

2. 在确定媒介之后，要编制一份寻租或寻售广告文件，文件的形式、大小等特征要因媒介的不同而不同，比如在形式上可能是视频、文字、图片、音频等。根选址要保密、时间紧迫或其他特殊要求，在编制广告文件时一定要谨慎、准确措辞与设计。比如，为了保密，信息上可含糊其词；为了在众多网站、报纸上的“豆腐块”广告中突出，可以把自己的广告设计得出奇制胜，采用特殊的字体、颜色等。

3. 在发布广告之后，一定要时刻保持联系的畅通，对于每一个广告的反馈信息，都要详细记录、分析。在首次接到反馈信息后，不要忙于做出判断，要详细调查后再做决定。

4. 整理广告反馈信息，逐个研究、分析并初步确定可能的对象，然后回访。

11.3.2 发布寻租或寻售广告的优缺点和适用对象

1. 优点。

（1）轻松。选址工作从自己主动去大海捞针变为守株待兔。

（2）快捷。恰当的广告媒介选择能在短时间带来大量宝贵信息。

2. 缺点。

（1）广告费用有时会是一笔不小的支出。

（2）选址的保密性不好，尤其是在大众性媒介上做广告时，选址秘密泄露是很正常的事。

（3）广告技术会影响实际效果。广告媒介的选择、广告文件的编制、广告反馈的管理等都会对广告的效果产生直接的影响，任何一个环节的失误都会直接导致广告效果大打折扣。

3. 适用对象。

（1）选址任务紧急，企业需要在短时间内找到合适的地址。

（2）选址的保密性要求不高。

（3）企业愿意且能够承担广告费用。

11.4 跟随竞争者选址

跟随竞争者选址其实也可以说是选址的一种战略，亦即开店者在选址时，以自己的竞争者地址为参考依据，并在竞争者地址附近一定区域内选址。因为不论何种类型的店面，总有一定范围的商圈，虽然有“一步差三市”的说法，但除了最佳位置外，总有次佳、第三佳的位置，所以在竞争对手的店址附近选址是一种可以考虑的方法。

深圳面点王饮食连锁有限公司董事长、总经理张和平曾对记者表示：“在深圳有50家麦当劳、45家肯德基，面点王现在是30家，有20多家面点王与洋快餐相邻或对垒。哪里有肯德基、麦当劳，哪里就有面点王。”因为“与洋快餐相邻相对开店，并不仅仅是为了竞争。肯德基、麦当劳选址考察论证科学细致，周围环境、人口密度、人口结构、道路交通、建筑设施等都定量分析……”这充分说明了跟随竞争者的选址意图。

11.4.1 跟随竞争者选址操作手法

1. 确定目标竞争者，即选址时的跟随对象。

开店者应充分考虑竞争对手和自己的地址的相近性，而不是别的方面的相近性。而且，一定要挑那些成功的竞争者，至少是在选址上认真、选址成功率高的竞争者。跟随的竞争者对象不一定是某一家，可以多选几家，这是因为在有些地方，可能某一个重要竞争者也没有选址，所以，如果只选择跟随这个竞争者，就没法跟随选址了。如果要进入某确定的区域，那么，可以先调查该区域内的竞争者，然后从其中选择一个或几个最合适的竞争者作为跟随对象。

2. 在确定跟随对象之后，以目标竞争者店址为中心向四周扩散式选址。

注意扩散的区域大小要控制好，不能无限制地缩小（比如在同一幢楼里、隔壁或对面）或扩大（比如超出了该竞争者店面所处区域商圈的半径），开店者应根据具体情况具体对待，但有基本原则是要保证所选的地址有足够的市场容量。

11.4.2 跟随竞争者法选址的优缺点和适用对象

1. 优点。

（1）成本低。如果竞争者和自己的业务非常相似，那么跟随竞争法选址可以省去商圈调查和市场分析的工作，从而大大节省了选址成本。

（2）成功率高。如果目标竞争者的店面经营成功，那么在该店附近一定区域内的地址的成功率也会较高。

（3）操作简单，速度快。只需在竞争者的店址附近寻找店面即可，这样可大大缩小找寻面积。

（4）类似的店群集在一处，可能会产生集群效应或区域经济效应，从而使所有店都受益。

2. 缺点。

（1）如果选错竞争者，或者说跟随错了对象，选址的失败率就会增大。

（2）可能会受到竞争者的报复。

（3）如果最佳的位置已经被竞争者占据，那么跟随者就只能选择次佳以下的位置了。

（4）相似的店群集在某处，可能会形成恶性竞争而使所有店受损。

（5）目标竞争者的附近可能没有合适的或可得的地址。

3. 适用对象。

（1）有合适的跟随者。

（2）自己单独选址的成本较高。

（3）目标竞争者店址所在商圈的市场容量足够，有能力再容纳另外一家店铺。

（4）选址的区域内有目标竞争者的店面。

11.5 跟随业态互补者选址

11.5.1 跟随业态互补者选址说明

这种选址方法的原理是，因为有些店铺之间在经营、服务内容上是互补的，所以，这些互补的单店就可以开在一起，从而为顾客形成更完善、完整的“一条龙”服务。

体育场内及附近，可以开设保健按摩、洗浴、餐饮、运动服装零售、便利店、咖啡茶饮等店铺。

超市附近，可以开设小吃店等。

餐饮店附近，可以开设烟酒零售店等。

新开发的楼盘附近，可以开设装修装潢店、家庭清洁店、鲜花绿植店等。

在旅游景点附近，可以开设餐饮店、照相馆、茶馆、咖啡馆、纪念品零售店等。

在手机零售店附近，可以开设手机维修店、配件零售店等。

11.5.2 跟随业态互补者选址优缺点

1. 优点。

（1）选址迅速。选址人只需找到相应的业态互补者就行，市场调查、选址的时间大大缩短。

（2）选址准确率较高。如果能找到人流量大的业态互补店，则选址后单店营利概率会非常大。

（3）选址成本低。前期的选址成本主要集中在选择业态互补店上，选址成本较低。

2. 缺点。

（1）经营会受到业态互补店的影响。如果业态互补店倒闭，必然影响本店的经营。

（2）可能选不到地址。有可能虽然找到了业态互补店，但其周边的店址都已被占据。

11.6 借力“大牌”选址

11.6.1 借力“大牌”选址说明

这种方法指店面选址时可以临近著名的大品牌，以借力大品牌吸引的人流。

比如ZARA就很擅长这么做。在店铺的选址方面，ZARA只选城市中地段最好、知名度最高的商业区，其邻居店也多为大品牌。

11.6.2 借力“大牌”选址优缺点

1. 优点。

（1）借助大牌店吸引人流。

（2）通过“物以群分”的心理暗示，提升自己的品牌格调、品牌形象。

（3）通过与大牌店的高价对比，容易突出自己的价格优势。

2. 缺点。

（1）因为多会选在城市的黄金地段，所以房租等费用较高。

（2）如果自己的店面装修、产品或服务等不够档次，很容易被大牌店挤压生存空间。

（3）大牌店的顾客群可能和自己的顾客群的重复度较小。

11.7 利用供应商资源选址

11.7.1 利用供应商资源选址说明

利用供应商资源选址指的是选址者挖掘和利用即将开设的单店供应商的资源来为自己的选址服务。其中的供应商主要指单店的商品供应商，当然也可包括设备、人员、信息、资金等服务供应商。供应商资源主要指其在供应活动中能提供的各类关于地址的信息。

同一家供应商可能会同时为许多同类型的竞争店提供商品或服务，在长期的供应中，从每家店的商品需求量中对每家店的情况逐步熟悉，所以供应商至少会拥有如下两种对选址者非常有利的信息。

1. 同类型商品的单店的所有地址。对一个选址者而言，如果能拿到这样一份同类型竞争者的地址录，就可以非常便利地采用跟随法或规避过度竞争法来选择自己的地址。

2. 每个地址单店的经营状况。对于经营状况非常好的同类型店址，选址者可以考虑在这家店的商圈内再开设一家店，对于经营状况不好的单店，选址者就要认真考虑是否要进入这个商圈。

11.7.2 利用供应商资源法选址的操作手法。

1. 要选定商品或服务的供应商，亦即分析未来单店的经营内容，决定哪一类型的供应商可能会掌握对自己选址最为有利的信息。一般而言，单店的主营商品、主营设备或每家同类型的店都必不可少的供应品的供应商是最佳选择对象。如果开餐饮店，那么食品原料，尤其是频繁需求的必需食品原料供应商就是最佳选择；如果开美容院，那么美容床、美容设备、美容品的供应商就可以成为选择。

2. 要选定供应商。确定了供应品之后，要在众多的供应商中重点选择几家，一般而言，业内规模大、品牌响亮的供应商是最佳选择。当然，选址者也可以去竞争者店内实地访查，搜集关于供应商的信息，最后选择供应范围广、供应对象多的供应商。

3. 开发利用供应商的资源。选定供应商之后，选址者应主动和供应商联系，直接或间接表达自己的意思。如果能或愿意从某供应商处获得供应或与其建立交易关系，那么一般而言，供应商会非常乐意提供一些关于地址和竞争者的信息。要注意的是，因为职业道德的约束，并不是所有供应商都会向你提供或完全、真实地提供关于地址或竞争者的信息，所以还是要对供应商的信息进行分析和筛选。

4. 利用供应商资源选址的几种情况。

（1）供应商提供的信息显示，某处单店经营每况愈下，那么选址者应去调查此店是否有转让或出售的意图。

（2）供应商提供的信息显示，某处单店经营状况非常好，订货数量一直保持较高水平或持续增加，那么选址者应调查该商圈内的同类单店市场是否饱和，若发现市场严重不饱和，那么在此商圈内开设一家同类型的店的成功率就会较高。

（3）如果选址者想在某处开设单店，那么可以在论证店址时征求供应商的意见，因为供应商在长期的供应中曾目睹很多单店的兴衰，并与很多单店经营者有过沟通和交流，对店址有一定研究。

（4）有的供应商为了扩大自己的业务范围，会刻意研究自己商品或服务的市场，他们可能会有关于备选地址的大量信息。

11.7.3 利用供应商资源法选址优缺点和适用对象

1. 利用供应商资源选址的优点是，找到合适的供应商，可以大大缩短选址时间、降低选址成本、提高选址成功率。

2. 利用供应商资源选址的缺点是，有时很难找到愿意并能够提供有用信息的供应商。

3. 利用供应商资源选址的适用对象是能找到合适的供应商的企业。

11.8 和房产开发商合作选址

不管房产开发商开发的是专门的商铺性房地产、还是居民区里的底层商铺，它们都对商业选址有深入研究，更重要的是，它们手中有大量的可选地址，所以，和房产开发商合作是一个良好选址途径。

星巴克在中国市场的店面数量快速增长得益于与万达的合作。自2010年起，万达广场每年开业数量增加到两位数。也是从那一年，星巴克开始和万达合作，通过万达进入二三线城市市场，包括福州、济南、镇江、泰州、廊坊、唐山、南昌、淮安、泉州、长春、营口、泰安、银川等。

在发展早期，周大福选址的主要地点是百货商场内，周大福的百货商场渠道比例曾一度达到90%，王府井、新世纪、百联、百盛等百货商场都是周大福的战略合作伙伴。后来，随着市场下沉到三四五线城市，而这些城市的百货商场数量较少，周大福才开始选择临街的独立店铺。

需要注意的是，商超在分配黄金位置时主要考虑的是店面流量，所以网红品牌、能带来人气人流的店面更受商超青睐。如果你的品牌不够强大、人流不够旺，那么可能很难选到商超里的最佳位置。

作为选址者，要区分3种不同的房产开发商，并分别采取不同的措施。

1. 房产开发商正在规划或建设中。因为房子还没建成，所以选址者要买或租的话，只能是期房。选址者可以查询并联系各大房产开发商，或者直接到工地上联系。

这种操作的优点是有可能获得比建成后再买或租更低的价格，也避免建成后买或租不上，还可以提早规划，甚至装修。

这种操作的缺点是要承担房产建设和规划中的一定风险，比如如果规划预期并没有完全实现，那么周围商圈就可能比预想中差很多。同时，因为房产的建成需要一定时间，等待期间会损失市场机会和造成房产资金的积压。

这种操作的适用对象是需求并不迫切，或者有特殊需求的选址者。

2. 刚刚建成并正在出售或出租房产的开发商。留意一下广告或实地考察，便可容易获得这类地址源。

这种操作的优点是不需要等待建设时间，可直接进入谈判购买或租赁阶段，可客观、真实地感受房产实体及周围商圈状况。

这种操作的缺点是如果该房产在“旺铺”地段，那么选址者很可能买或租不到好店址。而且一般而言，建成的房产价格要比购买或租赁期房价格高。同时，对于刚刚建成的房产，其商圈市场的增长可能会需要一定时间。

这种操作的适用对象是需求紧迫，不追求开店初期就迅速营利，费用在选址中不是最重要因素的选址者。

3. 早就建成并正处于管理现有房产阶段的开发商。在现有商铺地可以方便地找到这些开发商和相关信息。开发商或其代理人对其管辖的商铺信息十分了解，清楚地知道哪家商铺要转让、哪家商铺要出售等。选址者可直接和房产开发商或其代理人联系，以便在最短的时间内获得最真实的商铺地址信息。

这种操作的优点是房产周围商圈已经较为固定，影响选址的外界变化较小。选址者可在最短时间内获得众多地址的信息，可避免一家家调查的无效劳动。

这种操作的缺点是经常会碰到现有地址已被占满且没人愿意转让的情况，而且即便有人愿意转让，选址者也需要付出较高的价格（包括转让补偿费及装修前清理费等）。

这种操作的适用对象是不愿意冒不确定风险，希望开店后迅速进入大规模营利阶段的选址者。

11.9 开发关系网络选址

11.9.1 开发关系网络选址说明

开发关系网络进行选址的方法指选址者把选址信息透露给相关方，由相关方把地址的信息提供给选址者。相关方可以是选址者的亲朋好友、旧熟新识，也可以是陌生人，比如在微信、抖音、头条、微博、博客等平台发布选址的信息，看到信息的很多是陌生人。

一般而言，信息的有效性和反馈比率是和知道信息的人的数量成正相关关系的，亦即知道选址信息的人越多，获得有效地址反馈的机会就越大，选址者有至少两种基本办法来扩大网络。

1. 从深度上扩大网络。指选址者把选址信息透露给相关方，相关方又再把选址信息透露给各自的相关方，选址信息就会以几何级数迅速扩散出去。

2. 从宽度上扩大网络。如果是一个公司或团队的话，那么公司或团队的每个成员都负有透露选址信息的责任，从而形成全员选址，那么这样也可以迅速扩大相关方的网络。

当然，在实际操作中，最好把上述两种方法结合起来运用。

11.9.2 开发关系网络选址的操作手法

1. 要把选址的信息进行有序化整理，即要形成一些大致的地址要求。要注意的是，这个选址要求不必特别详细，但一定要准确。

2. 确定选址信息即将传递的第一批相关方。这批相关方应分为两类：第一类是本身可能拥有地址信息的群体；第二类是虽然其本身没有地址信息，但可以传递给下一批相关方的群体，下一批相关方可能拥有地址的信息。

3. 在确定了选址信息和相关方后，选址者就可组织专门人员进行选址信息的传递以及反馈信息的记录、整理与分析。

11.9.3 开发关系网络选址的优缺点和适用对象

1. 优点。

（1）成本低。因为都是相关方，更多的是帮忙和顺便的性质，它们提供的信息一般都是免费的。

（2）速度快。正确操作相关方网络的扩大途径，可以在短时间内迅速使选址信息散布到非常广大的有效群体中，从而使选址的速度大大加快。

（3）可以获得外界不容易获得的内部信息。比如有的地址在转让时会秘密进行，只有通过关系网络才可能获得这些信息。

（4）克服对选址地区情况不熟悉的障碍。当选址者对某地区的经济、社会、文化状况不熟悉时，通过当地的关系网络，可以消除许多因人生地不熟产生的风险。

2. 缺点。

若没有合适的相关方，则无法有效使用此办法。

3. 适用对象。

（1）拥有广大、有效的关系网络。

（2）自己选址经验缺乏。

（3）对即将选址地区情况不熟悉。

（4）选址费用不充足或不愿意花费太多选址费用。

11.10 “挖铺”选址

“挖铺”指占用那些已经或正在被别人占用的店址。“挖铺”的对象既可以是同行业的竞争者，也可以是非同行业者。

“挖铺”的行为颇有争议，但企业在必要时也可以使用。

11.10.1 “挖铺”的操作手法

便利店品牌日本全家公司在进入新市场时，就曾经数次采用“挖铺”战略。全家的挖铺还被业界人士称为是“一套成熟的发展策略”。

2004年7月，全家首次进入中国上海市场，在商业高度发达的上海，便利店竞争已处于白热化阶段，上海的便利店已超过4000家。所以，晚到一步的全家公司就开始实施十分有效的“挖铺”战略。

具体操作手法如下。

1. 选准目标。全家的“挖铺”对象是那些和全家便利店相似的单店，比如罗森、喜士多等。注意，“挖铺”的对象未必一定自己的同行业竞争者，因为需要挖的不是店铺经营内容，而只是店址。

2. 实施“挖铺”战略。全家根据不同情况采取不同的“挖铺”手段。比如对租约即将到期的门店，全家实施“抢约”战略，即和该处店址的房东谈判，以更高的租金使房东放弃与前任单店续签，而改与全家签约；对租约还没到期的地址，全家实施“策反”战略，亦即全家会说服房东与原单店租户终止合约，中途毁约产生的一切损失由全家公司支付。

靠着“抢约”与“策反”，全家公司在短时间内便获得了10多处有利的店址，成功完成初入上海市场的立足战略。

11.10.2 “挖铺”选址法的优缺点和适用对象

1. 优点。

（1）速度快。当“挖铺”对象地址和自己的定位相似时，甚至都不需要进行市场、商圈调查等准备工作，可直接进入单店建设的阶段，大大加快了开店速度。

（2）选址失败的风险小。当所“挖”店铺地理位置很好，经营状况也不错时，原店的实践验证可以使选址失败的风险大大降低。

（3）获得既有客流。如果是同业竞争者的店址，则“挖铺”者可直接获得大量已有客流，可节省不少宣传推广费用。

（4）可作为新闻素材。当“挖铺”行为涉及资金量大、品牌知名的双方时，“挖铺”行为可能受到媒体的广泛关注，从而获得相应的宣传效果。

（5）进入特定市场。“挖铺”法可以打破先入为主的束缚，直接进入想进入的特定市场。

（6）节省部分选址费用。可直接节省的费用包括选址前期的市场调查、商圈调查、店址选择、可行性论证、宣传推广等费用。

2. 缺点。

（1）容易引起外界攻击，可能会直接影响单店的经营。

（2）可能降低盈利。“挖铺”行为可能会抬高店铺租金，加大“挖铺”者的经营成本。

（3）破坏正常的市场经营秩序。“挖铺”的行为很容易导致毁约增加、单店更迭频繁、不正当竞争、哄抬地价等后果，这些都会破坏正常的市场经营秩序。

（4）需要额外付出。无论是“抢约”，还是“策反”，都需要“挖铺”者在租赁店铺的初期，甚至整个租用期内付出相当大的资金。具体而言，额外增加的费用包括租金的增加部分、给房东的额外补偿、“挖铺”后消除负面影响的费用等。

3. 适用对象。

（1）拥有强大的资金实力。因为初期成本较高，所以没有相当资金后盾的选址者是无法使用这一策略。

（2）具有“挖铺”技术。“挖铺”策略的施行需要大量的谈判、说服等工作，所以“挖铺”能否成功需要一定的技术能力，并非所有企业都能成功为之。

（3）当地市场已没有合适空白店址，企业或个人就只能从既有店址上想办法了。

（4）需要占领战略要地。如同打仗一样，为了占领某市场的制高点，企业可以采用次数有限的“挖铺”战略。

（5）为了单店“挖铺”。如果“挖铺”只是针对单个地址，则负面影响会较小。

（6）为了节省经费。因为“挖铺”策略在前期可节省一些费用，但在后期又增加了一些费用，所以对“挖铺”战略必须从整个店铺的租用期的角度来整体、宏观地进行经济预测，以确保“挖铺”策略的整体经济性。

11.11 搜寻免费地址源信息

在信息充斥的今天，各种各样的信息传播媒介都有可能提供关于地址的信息，选址者一定要善于发现并利用这些信息，尤其是那些免费或以极低成本就可轻松获得的地址信息。

举例来说，选址者可以获得免费信息或以极低成本获得信息的渠道有如下几种。

1. 网络。

选址者可在大众搜索平台；店铺中介性质网站；商业性网站的“供求信息”或类似栏目里；热点新闻的“我要说两句”或类似栏目里；各大论坛里；各类聊天室里；社区论坛；自己的网站上搜索或发布信息。

这种方法的优点是选址工作不受时间和地域的限制，可随时随地进行。

这种方法的缺点是网上有时会有虚假信息。

这种方法的适用对象是上网方便且对网络使用技巧非常熟悉者，同时欲选址区域的店址信息在网上发布较多。

2. 店外海报。

意欲出租、转让或出售自己店址的人会在店外或店铺附近张贴海报，选址者应留意所要进入区域的这些海报。

这种方法的优点是所获得的信息比较真实，并可立即现场感受地址的环境。

这种方法的缺点是只有到达现场才能获得这些信息。

这种方法的适用对象是身处选址现场的选址者。这也是一种配合“扫街”法选址的方法。

3. 广告。

还可通过刊登在各种媒体（包括平面媒体和立体媒体）上的广告获得地址信息。城市日报或晚报上会有大量这类广告。

这种方法的优点是可以在短时间内获得大量地址信息，所获得信息比较真实。

这种方法的缺点是需要了解刊登相关信息的媒体，而且媒体刊登信息往往会有许多人在“抢”。

11.12 兼并收购既有网点选址

这里的并购指直接购买或占股已有单店或商铺，如此，开店者就可以直接获得现有店址。

1997年，沃尔玛刚进入德国市场时，以12亿欧元收购了德国大卖场经营商Wertkauf旗下的21家自助店，次年又收购另一家德国零售商Interspar旗下的74家连锁超市，两次收购之后，沃尔玛一跃成为德国第四大零售商。

并购一定要花更多的钱吗？未必。一家外资超市的相关人士透露，要找到一块适合开店的地皮很不容易，因为选店址可能就得一年多甚至更长时间，其中的人力物力财力投入不小。更重要的是，选好地皮之后再建设，还要再过一年左右时间才能正式营业。如果并购一家当地的超市，则省心多了，选址时间、开店周期、市场培育等环节可以大大缩短，一家店的营建周期只需3个月左右，仔细算笔账下来，还是并购更合适。

11.12.1 并购选址法的操作手法

1. 选中意欲并购的目标对象。

2. 与意欲并购的对象洽谈具体并购细节，包括费用、占股比例、时间等。

3. 并购者把并购的单店或店铺改造成自己的店。

11.12.2 并购选址法的优缺点和适用对象

1. 优点。

（1）速度快。可以直接拿到合适的地址。

（2）成功率较高。如果并购的是一家成功、成熟的单店，可以把这家店原有的人、财、物等资源以及消费者、供应商等资源一并拿下。

2. 缺点。

（1）成本较高。

（2）可能降低营利，延长回收期。并购行为的前期可能需要大量资金，所以必然会增加单店的投资成本。

（3）风险较大。一旦改造后的单店并没有充分有效地利用原有店的各项资源，新店面的经营风险就会因为前期并购支出的大量资金而增大。

3. 适用对象。

（1）拥有强大的资金实力。因为初期成本较高，所以没有相当资金做后盾的选址者是无法使用这一方法的。

（2）拥有一定的并购技术。并购行为需要进行大量的调查、评估、谈判等工作，并购能否成功是需要一定技术的。

（3）当地市场已没有合适的空白店址。

（4）占领战略要地。

（5）在经济上划算。因为并购行为在前期多支出了可能是非常巨大的费用，所以并购策略必须在后期的店铺运营中把前期多支出的这部分资金弥补回来。并购者应该整体、宏观地进行并购前后的经济预算，以确保并购行为的整体经济性。

11.13 搭车式选址

搭车式选址指开店者将自己的店面开设在更大店面或场所的内部，从而借助更大店面或场所的地址、人流、品牌、广告宣传等资源迅速、直接开展自己的业务。

11.13.1 搭车式选址法的操作手法

1. 选择意欲搭的“车”。这个“车”的人流应该和本店的人流是重合或互补的；“车”的面积足够容纳本店的面积；“车”和本店的定位档次、品牌含量、消费者群相匹配；“车”自己并不提供和本店的产品或服务相重叠或竞争的内容。通常的“车”指大型游乐场、商场超市、连锁地产等。

2. 根据“车”的布局、业务规划，与“车”谈判本店的具体位置、费用、利益分配、排他性竞争、战略合作等。

3. 在“车”的所到之处，如影随形地并肩开店。

11.13.2 搭车式选址法的优缺点和适用对象

1. 优点。

（1）速度快。可以直接拿到合适的地址。比如，麦当劳和中石化合作，将麦当劳的“得来速”开在中石化的加油站里。

2007年11月，广州邮政和7–11连锁便利店达成合作协议，7–11便利店提供全天候收寄EMS同城、国内和国际特快专递文件型邮件的服务。广州当时有7–11便利店297家，而广州邮政原有收寄网点800多个，通过此次合作，邮政的收寄网点和服务站点超过了1000个。

（2）成功率较高。可直接借助“车”的多项资源。

（3）省却选址麻烦。“车”早已经替你完成了市场调研、消费群分析等一系列工作，你只需要直接享受“车”的劳动成果就可以了。

2. 缺点。

（1）选址受“车”的影响。对“车”没到的区域，搭车式选址法就无法实施。

（2）经营受到很多限制。因为搭车式的地址更像是店中店，所以本店就可能受到包括营业时间、收银方式、发票、装修装饰、促销、人员工资等“车”的统一化管理的限制。

（3）与“车”一荣俱荣、一损俱损。如果“车”的声誉、顾客量等非常好，则搭车的店也会跟着获益；如果“车”出现经营困境，则搭车的店址必然受到牵连。

（4）同行竞争可能很大。诸如商场超市、大型游乐场、连锁地产等“车”，一般都不会对某店面实施独家行业进入的政策，所以在一个固定的区域内，可能要直接面对几个强大的同行竞争对手，大家一起去争抢这个“车”内的有限顾客群，竞争激烈程度是可想而知的。

3. 适用对象。

（1）首先要有合适的“车”。除了在你要开店的区域有“车”之外，你还要考虑搭上“车”的可能性，这是因为很多“车”对在其内部开设的店面的品牌、产品或服务内容与档次、分成方式是有严格要求的，所以你的店面未必能搭上这个“车”。

（2）“车”给你带来的顾客群足够让你的店面营利。

11.14 利用电子地图选址

随着技术的发展，电子地图技术已经有了很惊人的发展，在准确度、信息丰富度、全面性、实时更新性等诸多方面都有大幅度提升。除了传统的平面地图之外，三维、实景、全景等地图已经非常普及，地图可放大到非常细节的程度。

更重要的是，电子地图的绝大多数内容、信息资料等都是免费的。

选址者一定要学会利用这个时代的高科技的成果，充分发挥电子地图的作用。

11.15 利用地理信息系统选址

地理信息系统（Geographic Information System，GIS）的定义有许多，但其基本意指大致相同。

GIS是一种利用计算机的硬件和软件来存贮、处理地理及相关信息的技术与工具，它把一定范围（比如国家、区域或某专题）内的各种资源信息和环境参数按空间分布或地理坐标，以一定格式和分类编码输入、处理、存贮、更新、操作、分析、输出及显示，以满足应用需要的人—机交互信息系统。利用GIS技术，人们只要轻点鼠标，就可以看到世界各地区、城市、街道、森林，甚至可以查到详细的植被、动物、人口、环境等具体信息。GIS由5个主要元素构成：硬件（计算机）、软件（用于存储、分析和显示地理信息等）、数据（自己采集或者从商业数据提供者处购买）、人员和方法。

在商业选址领域，GIS正发挥着越来越重要的作用，被称为“无脚选址法”“鼠标选址法”，亦即选址人只需坐在办公室轻点鼠标就可以完成繁重艰难的选址工作。利用GIS选址正日渐成为商家选址的主流趋势之一。全家便利店连锁公司在选址中就采用了GIS对交通流量、顾客偏好、运输成本等各种数据进行分析，计算开店最佳地点，大大降低了新开门店的销售预测误差、门店选址错误、开发规模失当、新开门店无法实现长时间赢利、开店投资收益率下降等风险。

家乐福、沃尔玛等国际零售商在中国市场应用GIS技术进行单店地址的选择。中国的本土商家也已开始利用GIS进行单店的选址工作，比如江苏省首佳房地产中介有限公司就建立了一个“房产中介GIS系统”。

与传统选址模式相比较，利用GIS进行商业选址具有无可比拟的优势。

（1）直观。选址者可以通过电子地图等工具直观地看到人口分布、商业布局、交通状况、建筑物内外数据、经济数据等信息。

（2）个性化。通过对不同地图图层的控制，选址者可以对需要的信息进行分层和叠加，可以自由设置这些要素显示的风格和样式。

（3）动态模拟。在确定某具体位置后，GIS可改变输入信息，实施不同条件下的模拟分析和评估预测，从而找出最优方案，极大地提高决策的效率和准确度。

（4）科学。GIS的海量数据为提高选址决策的正确性、减少决策风险提供了坚实的基础。

（5）快速。健全的信息数据库以及先进的计算机操作，使选址工作的时间大大缩短。

（6）灵活的输出。选址数据和结果，既可以在计算机上显示，也可以根据选址者的要求打印出来。

（7）独特。利用GIS的数据可视能力和空间决策支持能力，依靠在国外已相当流行的SDSS（空间决策支持）、SI（空间交互模型）等先进的选址理论和分析方法，GIS可以获得常规方法难以获得的重要信息。

（8）成本低。通过直接调用数据库等方式，GIS法省去了很多不必要的人员支出和调查费用。

11.16 大数据精准锁定选址

这种选址方法指通过大数据手段精准选址。比如通过线上下单的客户分布的地理位置数据，分析出消费者集中的地区，从而有针对性地精准锁定选址范围。

1. 优点。

（1）选择地址通常非常精准，店址可以恰处于准客户群的分布中心。

（2）在有足够、可信的大数据的时候，这种选址方法的成本低、速度快、效果好。

2. 缺点。

（1）线上下单的客户未必会全部接受线下购物，所以选址者要仔细分析线上线下的转化率，以确定是否需要开设线下实体店。

（2）这种选址法的前提条件是掌握大数据，比如首先要掌握大量的线上购买人群的信息以及这些人群分布地域的信息。

（3）对于没有线上订购业务的地区或线上订购数量不足的区域，这种选址方法很难实施。

（4）根据大数据精确锁定的区域内未必有可供选择的实体店地址。

第 12 章　初选店址的商圈调研、填写《店址评估表》

12.1 《店址评估表》的要素

12.1.1《店址评估表》的主要内容

在上一步中，选址者已经选定了一批符合《初选地址原则》的店面或初选地址，为了确定初选地址中的最合适地址或者为初选地址进行最终店址选择的排序，本步骤需要对这些初选地址按照《店址评估表》进行更为详尽的商圈调研，最终填写完成《店址评估表》。

通常，更为详尽的商圈调研的内容都可以作为初选地址的《店址评估表》的主要内容。

1. 建筑物本身。

- 面积（建筑面积，使用面积）
- 门脸宽和高
- 挑高
- 纵深
- 朝向
- 形状：长方形、方形、圆形……
- 毛坯房、精装修

- 外在形象
- 主体结构：框架、砖混、简易
- 总层数与本店楼层位置
- 直梯，货梯
- 卫生间
- 橱窗
- 门前台阶
- 广告灯箱位
- 单独的门牌号
- 抗震或隔音能力
- 有无广告空间

…………

2. 附属建筑物。

- 停车场大小与停车位
- 是否有专属停车位
- 停车位紧张状态
- 收费标准
- 周边绿化状况

…………

3. 基础设施。

- 上下水
- 电
- 气
- 网络
- 暖气

• 空调

• 消防设置

…………

4. 交通。

• 距离市中心位置：市中心、市中心与郊区之间、郊区

• 主干道：有通向店的开口、离通向店的开口较近、离通向店的开口较远、无通向店的开口

• 次干道：有通向店的开口、离通向店的开口较近、离通向店的开口较远、无通向店的开口

• 普通街道

• 小巷

• 十字路口、丁字路口、路边（离路口近还是离路口远）、拐弯

• 路宽

• 是否封闭路

• 是否单行线

• 门前流量：人流量、私家车流量、公交车流量、出租车流量、地铁或城铁出来后路过人流量

• 公交车：周边各100米内、几个公交车站、几路公交车、公交车的频率、公交车的距离、公交车经过的商圈级别

• 地铁、城铁：距离地铁口多远

• 出租车：门口可否停出租车

• 机场、火车站、长途客车站

• 立交桥

• 天桥

• 地下通道

• 坡路、平路：通常上坡路比下坡路好，因为下坡路的人流车流通过速度较快，不易停下

• 可达性：几条道路到达本店、几条机动车道、几条人行道

…………

5. 装修。

• 能否按企业的设计自由装修

• 前任店主的装修需要更改的程度和费用、时间

…………

6. 房租。

• 压几付几

• 每天每平方米的租金

• 免租期

• 最短、最长租期（麦当劳要求的地址租期一般为20年）

• 房租的每年增长率

• 转让费或盘店费

…………

7. 员工。

• 商圈内员工平均工资

• 易于招聘程度

…………

8. 可视性。

• 门前是否有电线杆、变压器、路牌、树木、花草等遮挡物

• 左右50米距离的可视性

…………

9. 邻居店。

• 左右各5家店的业务内容、面积、品牌、盈利状况、开业时间、竞争者还是互补者

• 如果一条商业街上的店面行业很多，通常在此商业街两端的店面较好；如果商业街的行业单一，比如服装一条街，则商业街两端的店面位置不如中间的店面位置好。

• 对面左右各5家店的业务内容、面积、品牌、盈利状况、开业时间、竞争者还是互补者

• 楼上楼下店面的业务内容、面积、品牌、盈利状况、开业时间、竞争者还是互补者

• 周边建筑物：是否有施工的建筑物、施工何时结束、对本店的影响多大

…………

10. 商圈。

• 商圈性质：商业区、社区、办公区、交通区、文教区、金融区、厂矿区、娱乐区、景区、综合区等

• 商圈级别：一类、二类、三类、四类、五类

• 商圈成熟度：形成期，成长期，成熟期，衰退期

• 自家店面：规模与数量、商圈保护范围

• 同业：周围100米内几家竞争者；强大竞争者数量、销售额和利润；相似竞争者数量、销售额和利润；较弱竞争者数量、销售额和利润

• 商圈半径、面积

• 商圈内的政府机构规模与数量、企事业规模与数量，商超规模与数量、住宅数与房价、公园规模与数量

• 人口：总人口数，有效人口比例、有效人口数、家庭数、性别分布、年龄分布、职业分布、月收入、月可支配收入、购买力（比如对本店的人均消

费）、出行方式、消费时间段（比如麦当劳往往不在纯住宅区开店，因为纯住宅区居民消费的时间有限）

…………

11. 产权。

• 产权方是公司、个人

• 产权方信用度

• 房子有无抵押、债务

• 出让性质：租赁、销售

…………

12. 地址历史。

5年内的占用者情况。

• 品牌

• 行业

• 寿命

• 盈利状况

• 占用时间（包括起始时间和占用的持续时间）

• 评价

• 放弃地址的原因

• 该地址最长闲置时间

• 其他信息

…………

13. 物流。

• 供应商方便度

• 顾客方便度

• 合作者方便度

…………

14. 未来。

• 市政规划：无拆迁规划、即将拆迁

…………

12.1.2 店址是否适合以及适合的程度

选址者要根据上述店址评估要素，考虑自己的店址是否适合以及适合的程度是多少。

1. 有合适的商圈。

有一个适合单店的商圈，比如办公区、文教区、景区等，这是选址原则的第一条。

只有有了合适的商圈，单店才可能有足够的目标客户。包括有足够的有效人流量、潜在和现实购买力等。所谓“足够”，指目标客户的可能购买量应至少能保证该单店在盈亏平衡点之上；所谓“有效”，指可能进入单店的人流量（潜在人流量）中最后能确实进入单店的（称为有效人流量）比例，如果这些人群都不是单店的潜在消费者，那么表面上看起来庞大无比的人流量其实等于零，即有效性为零。

当然，如果该单店的主要目的不是营利，而是展示形象、储存货品、货物中转等，则另当别论。

2. 交通条件。

无论如何，任何单店都必须考虑其顾客到达本店的交通便利性，所以沿着交通路线开设、在交通枢纽处开设、靠近交通站点处开设的单店通常至少保证有大量的潜在客流。

如果顾客群体是有车族，那么还应考虑停车场的问题。

3. 商品配送。

对于商品较大件、商品配送频繁、商品数量大的单店，方便配送尤为重要。

4. 房租。

一般而言，租价和能从该地址获得的收入是正相关关系，亦即租价高地段内单店的收入也高，反之亦然。但经济上考虑更多的应该是利润，而不是单纯考虑租价。

5. 租期。

如果是加盟店的话，那么占用该地址的时间最好能满足特许经营的加盟期限，比如至少要超过一个加盟期限年数，或是加盟期的整数倍。

6. 治安等安全条件。

尤其对服务业和娱乐业，单店所在区域的良好治安环境是非常重要的。

7. 基础设施。

比如餐饮店对上下水、电、气等条件都是有要求的。

对于提供上网服务的咖啡馆、茶馆等，要能保证网络的畅通。

8. 邻居店。

邻居店的风格、经营内容、客流量等方面和本店会不会发生矛盾或不和谐是一定要考虑的。

例如，某商业街一家失败的餐饮店生意一直不“红火”，原来，这家餐饮店的周围都是婚纱租赁、服装零售类的店铺，这些店铺都有一个特点，就是通常都在下午6点左右关门，最迟晚上8点左右关门。所以，夜幕刚来临，一条长街上就只有那一家餐饮店闪着孤零零的灯光，十分冷清。这种冷清会让许多顾客避之唯恐不及，自然不会上门消费。这种类型的餐饮店更多是依靠晚上的收入，所以其生意自然不好。可见，在开店选址时不能忽视邻居店的影响。

再比如，对茶馆、咖啡馆、教育培训、旅店等需要安静、雅致环境的单店而言，如果邻居店是热闹的菜市场、娱乐场所，则这些邻居店可能会影响本店的生意。

9. 法律法规。

要保证在该地段的经营是符合有关法律和规定的。

比如，有些居民区禁止开设火锅店；有的城市规定儿童乐园不能开设在4层及4层以上楼层或地下、半地下室。再比如，随着人们对城市商业网点规划的关注，有关部门会对店与店之间的距离、单位人口的开店数量等做出规定。企业在选址时必须要考虑这些问题。

10. 建筑物特性。

比如，在空间上，有些单店会特别强调门脸宽度、室内挑高等方面的要求；星级酒店、药店等都对单店的面积有下限要求。

11. 装修。

在有些区域选址，比如仿古一条街、有统一风格的主题商业街、风景名胜区等，主管地址的机构可能不允许单店按照自己的风格装修，那么这些地址对于坚持自己风格的单店就不适合。

12. 竞争。

竞争是好事，但过度竞争很容易使单店的经营产生困难，每天都要面对巨大的压力，单店工作人员也会很疲累，所以单店在选址时，对于某产业的集群化商业街或商业区，比如珠宝一条街、服装一条街、美容美发一条街、餐饮一条街等要仔细研究，全面衡量自己的核心竞争力以及进入集群商业街或商业区的利弊，不要盲目去凑热闹。

13. 可得性。

许多选址人员在经过千辛万苦的选择、调查、分析和论证之后，终于确定了某处地址，却发现由于各种原因不能租赁或购买，如此前功尽弃则浪费了很多前期成本。

12.2 商圈调研的常用图

在商圈调研的过程中，选址人应在提供上述数据资料的同时，通过如下几类常用图加强对目标店址的了解、选择与确定。

12.2.1 地图：宏观、中观、微观地图

地图可标示目标店在城市中的位置、周边建筑、道路等状况。一般需要3张图的信息。可应用电子地图。

第一张图是城市宏观图。

主要展示在整个城市中目标店的位置，包括距离市中心的大概距离，周边有什么标志性建筑物或场所等。

第二张图是中观商圈图。

在图上应勾勒出目标店的大致核心商圈、次商圈、边缘商圈，以及周边的建筑物、道路、企事业单位等的名称、布局、距离等。

第三张图是微观单店周边平面布局图。

图上应标示目标店核心商圈周边的建筑物和企事业单位的名称、距离、道路的实际走向与宽窄等。

除了电子地图，选址者还可以自己绘制目标店区域微观示意图。如图12–1所示。

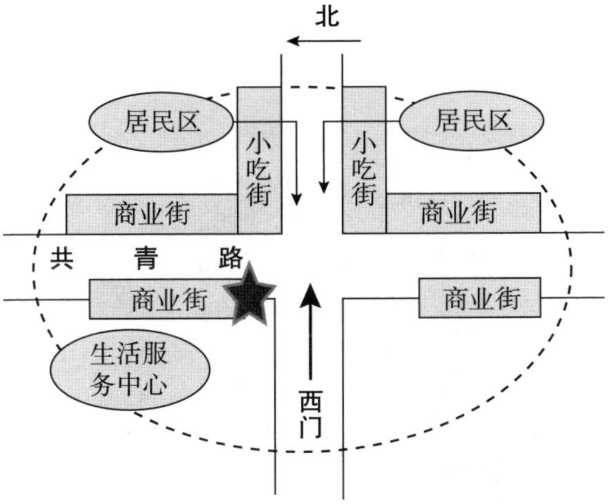

图12-1　目标店区域微观示意图

12.2.2 定位图

类似的工具有很多，比如百度地图的定位功能，还可以在这类定位图上看到立体的、真实的建筑物情况。

12.2.3 示意图

示意图要把单店的平面布局完全展示出来，标注不同区域的形状、各类尺寸、各区域的名称或用途、特殊位置（包括上下水、电源、暖气、天然气、电梯、台阶、柱子、空调）的尺寸及用途，还要对必要的材料、性质（包括是否承重墙、是否可拆除）、要求（包括消防设置不可移动）等加以说明。如12-2所示。

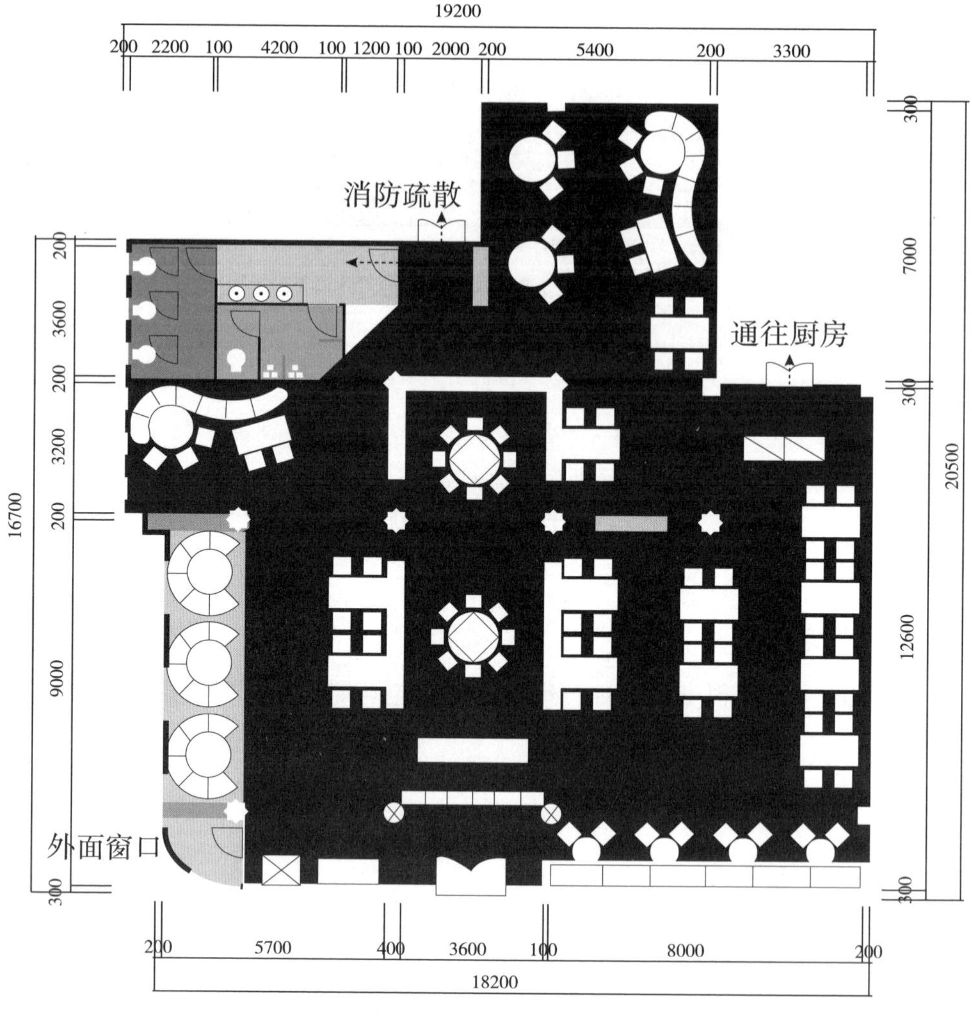

图12–2　目标店平面示意图

12.2.4 立体示意图

此图要把单店的立体或空间布局完全展示出来，同时标注不同区域的名称、高度、用途、位置和尺寸等，还要对其必要的尺寸、材料、性质（包括是否承重墙、是否可拆除等）、要求（比如消防设施不能移动）等加以说明。如12–3所示。

图12–3　目标店立体示意图

制作此图前，应先对店面的各个空间拍照，在照片上标注更为清晰、准确、直观。

12.2.5 目标店建筑物内、外照片

可按照具体的项目对建筑物内、外拍照。如表12–1所示。

表12–1　目标店建筑物内、外照片项目

序号	拍照目标		拍照说明	备注
1	外观	目标店	单店正面	从门前道路沿线开始拍照
2			单店右45°	从门前道路沿线开始拍照
3			单店右侧街道	从门前道路沿线开始拍照
4			单店左45°	从门前道路沿线开始拍照
5			单店左侧街道	从门前道路沿线开始拍照

续表

序号	拍照目标		拍照说明	备注
6	外观	对面	单店对面正面	从目标店的门前开始拍照
7			单店对面左45°	从目标店的门前开始拍照
8			单店对面右45°	从目标店的门前开始拍照
9	内部		内部正面	包括上中下、左前右
10			内部左侧	包括上中下、左前右
11			内部右侧	包括上中下、左前右
12			区域一全景	包括上中下、左前右
13			区域二全景	包括上中下、左前右
14			……	包括上中下、左前右
15			区域n全景	包括上中下、左前右
16			特殊位置照片	多个角度

12.3 商圈调研的常用表格

12.3.1《客流量统计表》

在对客流量进行调研的时候，需要记住的是，一定要选择不同的日期和时间段分别进行调研，如此得出的结果才更全面和有代表性。应选择的日期和时间段包括如下几类。

- 工作日，周一到周五的白天、晚上和夜间
- 休息日，周六、周日的白天、晚上和夜间
- 节假日，包括国庆、中秋、元旦和春节等节假日的白天、晚上和夜间

要避开暴风雨等极端天气的日子，这些特殊情况不具有代表性。《客流量统计表》如表12–2所示。

表12-2　客流量统计表

日期		年　月　日			星期
调查时间		自　　至			
天气情况		（阴晴雨雪及气温等）			
地址名称、地理位置					
交通工具	方向	时间	数量	有效顾客数量	有效顾客比例
步行、自行车	南至北	时　分至　时　分			
	东至西	时　分至　时　分			
	____至____	时　分至　时　分			
	____至____	时　分至　时　分			
	____至____	时　分至　时　分			
	小计				
驾车	南至北	时　分至　时　分			
	东至西	时　分至　时　分			
	____至____	时　分至　时　分			
	____至____	时　分至　时　分			
	____至____	时　分至　时　分			
	小计				
公交车、出租车	南至北	时　分至　时　分			
	东至西	时　分至　时　分			
	____至____	时　分至　时　分			
	____至____	时　分至　时　分			
	____至____	时　分至　时　分			
小计					
特殊情况说明					
调查人			审核人		

12.3.2《竞争对手调查表》

（参见前文《直接竞争者调研表》）

12.3.3《核心商圈、次级商圈、边缘商圈的划分标准表》

运用表12–3分析时，操作顺序如下。

（1）先确定步行、自行车和汽车的时速。

（2）确定每个商圈用不同交通工具的顾客可接受的到店时长。

（3）根据前面两步确定的时速和时间，可以计算出到店距离或商圈半径。

表12–3　核心商圈、次级商圈、边缘商圈的划分标准表

商圈类别	交通工具	距离半径（米）	到店时间（分钟）	时速（米/分钟）
核心商圈	徒步	330	5	66
	自行车	1600	8	200
	汽车	约10000	12	833
次级商圈	徒步	533	8	66
	自行车	2400	12	200
	汽车	约15000	18	833
边缘商圈	徒步	660	10	66
	自行车	3000	15	200
	汽车	约21000	25	833

12.3.4《商圈级别评分表》

不同行业的不同店面适合的商圈等级是不同的。比如，对于农具产品而言，农村的集市是其一类商圈，大都市的中心却不适合。所以，商圈的级别需要每个店面自己来划分。

通常，可以用表12–4来计算某个行业店面的商圈级别。当对某个行业的某个店面完成打分之后，可以规定商圈等级划分标准，比如总分数为满分的90%以上为一类商圈，80%~89%为二类商圈，以此类推。

表12-4　《商圈级别评分表》示例

序号	一级要素	二级要素	打分标准
1	商圈人群	商业区、社区、办公区等	办公区10分，商业区8分，其余区0分
2	成熟度	形成期，成长期，成熟期，衰退期	形成期3分，成长期5分，成熟期10分，衰退期1分
3	同业	竞争者数量	0家10分，2~5家5分，5家以上2分
4		竞争者的强大度	强大1分，一般5分，弱小8分
5	面积	半径	1000米之内5分，1000~2000米8分，2000米以上10分
6	内部客户互补型单位数量	政府机构	0家0分，2~5家5分，5家以上10分
7		企事业单位	0家0分，2~5家5分，5家以上10分
8		商超	0家0分，2~5家5分，5家以上10分
9		住宅	0家0分，2~5家5分，5家以上10分
10		公园	0家0分，2~5家5分，5家以上10分
11	人口	有效人口数	500人以下0分，501~100人3分，1001~2000人6分，2001人以上10分
12		月收入	5000元以下0分，5001~10000元3分，10001~20000元6分，20001元以上10分
13		月可支配收入	1000元以下0分，1001~3000元3分，3001~6000元6分，6001元以上10分
14		人均本店消费额	50元以下0分，51~100元3分，101~200元6分，201元以上10分
15		到店的主要出行方式	步行10分，自行车7分，汽车8分，地铁、城铁2分
16		消费时间段	上午2分，中午和下午6分，晚上10分
17	交通	距离市中心位置	市中心10分，市中心与郊区之间5分，郊区2分
18		主干道	有通向本商圈的开口10分，距通向本商圈的开口较近5分，距通向本商圈的开口较远2分
19		人流量	5000人以下0分，5001~10000人3分，10001~20000人6分，20001~30000人8分，30000人以上10分
20		私家车流量	200辆以下0分，201–500辆3分，501–1000辆6分，1001辆以上10分

续表

序号	一级要素	二级要素	打分标准
21	交通	公交车流量，出租车流量	50辆以下0分，51~100辆3分，101~500辆6分，501辆以上10分
22		机场、火车站、长途客车站	0家0分，2~5家5分，5家以上10分
23	房租	压几付几	压2付6的8分，压3付6的5分，压3付12的2分
24		每天每平方米的租金（元）	5元以下8分，5.1~8元7分，8.1~12元4分，12.1元以上0分
25		房租的每年增长率	5%以下8分，5.1%~8%的7分，8%以上0分
26	可视性	距离的可视性	30米可见3分，31~60米可见6分，61米以上可见9分，
27		遮挡物	明显遮挡的0分，一般遮挡的4分，遮挡很小的8分
28	物流	供应商方便度	很方便10分，一般方便5分，不方便1分
29		顾客方便度	很方便10分，一般方便5分，不方便1分
30	未来	市政规划	无拆迁规划10分，5年后拆迁7分，4~2年后拆迁3分，1年后拆迁0分
	总计		

12.3.5《顾客调查表》

（参见前文《已有消费者调研表》《社会大众调研表》）

第 13 章　确定候选店址——定量法评估店址的原理及步骤

13.1 定量法评估店址

评估店址的办法有定性法和定量法，这两种方法各有利弊。

依据经验和主观判断的定性法的好处是决策速度快、成本低，缺点是容易出错（比如犯经验主义的错误），这种方法适合有丰富经验的资深选址员和用于对地址的初步判断。

依据设计好的数学模型的定量法的好处是比较科学、准确，主观因素影响大大减少，但缺点是评估的成本高、速度慢，这种方法一般适合选址经验不丰富的选址人员和用于对地址的详细评估和最终评估。

在实际操作中，定性法和定量法并不是严格地区分的，常常是你中有我、我中有你，将定性法和定量法结合起来使用。

本书主要介绍定量法评估店址的原理及应用，可以把下文的地址评估方法编辑成电脑软件，这样在实际操作中会非常方便、快捷和轻松。

13.1.1 定量法评估店址的原理

定量法评估店址的原理其实很简单，就是将影响地址选择决策的一系列指标要素列出来，为其分别赋予一定的值，然后以不同的权重将各指标的数值加总，最后以每处候选地址的各指标要素的总得分高低来排列地址的优先顺序并选出候选店址。

13.1.2 定量法评估店址的步骤

定量法评估店址分为5个步骤。如图13–1所示。

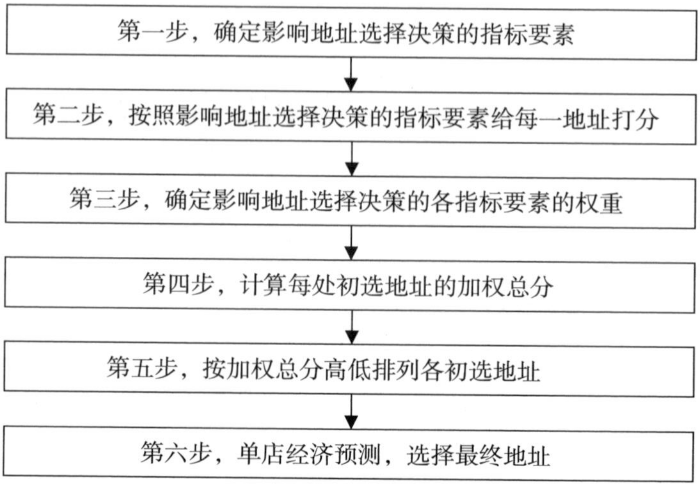

图13–1　定量法评估店址的步骤

下面分别讲解这6个步骤。

第一步，确定影响地址选择决策的指标要素。

不同的行业、不同的企业、不同的店面性质、不同的投资背景等都影响某地址的选择与最终决策。有的指标要素对某店址选择产生影响，但对另一店址选择可能就不起作用，所以严格地讲，每个选址影响指标要素的影响都是不尽相同的。

表13–1所列是影响地址选择决策的基本指标要素，经营者在确定自己的单店选址影响要素时，应根据实际情况有所增删或细化（对不同行业、不同类型的店面，评估表中的数值是不同的）。

表13–1 《店址评估表》

序号	序号	一级要素	要素权重	二级要素	细项权重	打分标准（单项满分10分）	分数
	1	建筑物本身	10	面积（建筑面积，使用面积）	5	<100平方米，0分；101~200平方米，10分；201~300平方米，5分	
				门脸宽和高	1	<3米，0分；3~6米，5分；>6米，10分	
				挑高	0		
				纵深	0		
				朝向	1		
				形状：长方形、方形、圆形……	0		
				毛坯房还是精装修	0		
				外在形象	1		
				主体结构：框架、砖混、简易	0		
				总层数与本店楼层位置	2		
				直梯、货梯	0		
				卫生间	0		
				橱窗	0		
				门前台阶	0		
				广告灯箱位	0		
				单独的门牌号	0		
				抗震或隔音能力	0		
			小计		10		
	2	附属建筑物	5	停车场大小与停车位	2		
				有否专属停车位	0		
				停车位紧张状态	2		
				收费标准	1		
				周边绿化状况	0		
			小计		5		

续表

序号	序号	一级要素	要素权重	二级要素	细项权重	打分标准（单项满分10分）	分数
	3	基础设施	5	上下水	1		
				电	1		
				气	0		
				网络	0		
				暖气	0		
				空调	1		
				消防设置	2		
			小计		5		
	4	交通	10	距离市中心位置			
				主干道			
				次干道			
				普通街道			
				小巷			
				十字路口、丁字口、路边、拐弯			
				路宽			
				是否封闭路			
				是否单行线			
				门前流量（人、车）			
				公交车			
				地铁、城铁			
				出租车			
				机场			
				立交桥			
				天桥			
				地下通道			
				可达性			
			小计				
	5	装修	1	能否按设计装修			
				前任店主的装修			
			小计				

续表

序号	序号	一级要素	要素权重	二级要素	细项权重	打分标准（单项满分10分）	分数
	6	房租	10	压几付几			
				每天每平方米的租金			
				免租期			
				最短、最长租期			
				房租的每年增长率			
				转让费或盘店费			
			小计				
	7	员工	5	商圈内员工平均工资			
				易于招聘程度			
			小计				
	8	可视性	5	门前遮挡物			
				左右50米可视性			
			小计				
	9	邻居店	5	左右各5家店			
				对面左右各5家店			
				楼上楼下			
			小计				
	10	商圈	10	商圈人群			
				商圈级别			
				商圈成熟度			
				自家店面			
				同业			
				商圈半径、面积			
				商圈内各类机构			
				人口			
			小计				
	11	产权	10	产权方			
				产权方信用度			
				房子抵押、债务			
				出让性质			
			小计				

续表

序号	序号	一级要素	要素权重	二级要素	细项权重	打分标准（单项满分10分）	分数
	12	地址历史（5年内占用者情况）	10	品牌			
				行业			
				寿命			
				盈利状况			
				占用时间			
				评价			
				放弃地址的原因			
				该地址最长闲置时间			
			小计				
	13	物流	10	供应商方便度			
				顾客方便度			
				合作者方便度			
			小计				
	14	未来	4	市政规划			
			小计				
		总计	100				

第二步，按照影响地址选择决策的指标要素给每一地址打分。

对每个指标要素的打分标准都是不一样的，具体标准需要企业根据自己的实际情况来确定。

比如“距离市中心位置”这个指标，其下又分为3个更细的指标，即“市中心”“市中心与郊区之间”和“郊区”。那么选址者可以这样规定：地址位于“市中心”“市中心与郊区之间”及“郊区”时，其对应的分值分别为10分，10~2分（距离市中心越近，分值越高）和1分。

比如“店前道路”这个指标，对它下面的更细化的指标可以采取表13-2的打分方法。

表13–2　“店前道路”的店址评估要素、要素细项及打分标准的示例

店址评估要素	要素细项		打分标准
交通	主干道	有通向店的开口	10分
		离通向店的开口较近	距离3米内9分、5米内8分、8米内7分、10米内6分、15米内5分、20米内4分、25米内3分、30米内2分、40米内1分、50米以上0分
		离通向店的开口较远	
		无通向店的开口	–10分
	次干道	有通向店的开口	5分
		离通向店的开口较近	距离3米内4分、5米内3分、8米内2分、10米内1分、15米以上0分
		离通向店的开口较远	
		无通向店的开口	–20分
	普通街道		2分
	小巷		–15分

比如对“建筑物本身”“装修”“基础设施”“附属建筑物”“房租”“可视性”“商圈”这些指标的更细化的指标可以采取表13–3的打分方法。

表13–3　“建筑物本身”“装修”“基础设施”“附属建筑物”“房租”“可视性”“商圈”的店址评估要素、要素细项及打分标准的示例

店址评估要素	要素细项	打分标准
建筑物本身	面积	（参见“门脸尺寸”打分标准）
	门脸尺寸	若规定必须大于某一数值，则在此数值之下的可以扣100分（数值应大得足以使倒扣分数成为否决此地址的条件），对于超出规定尺寸的，可以根据需要来确定是否应加分，或者统一一个分值，比如加10分
	挑高	（参见“门脸尺寸”的打分标准）
	楼层	若规定必须是2层以下，则高1层加10分，高2层加5分，其余楼层扣100分（数值应大得足以使倒扣分数成为否决此地址的条件）

续表

店址评估要素	要素细项	打分标准
装修	改造容易度	可设4个级别，即容易的加10分，中等容易的加5分，不容易的加1分，十分困难的扣5分
基础设施	水电气等配套设施	（参见“改造容易度”的打分标准）
附属建筑物	停车位数量	（参见“门脸尺寸”的打分标准）
房租	租金	可以固定一个具体的数值等级，比如每年租金10万元时打50分，然后每超过1万元减2分
可视性	左右50米可视性	（参见“改造容易度”的打分标准）
商圈	店前有效人流量	（参见“价钱”的打分标准）

从上面的打分中可以明显看出，打分的过程实际上就是定性决策与定量决策结合的典型。为了更科学地设置得分的上下限、加减分的档次等，企业应根据自己的经验、专家的建议、行业的惯例或实验结果等不断调整，最终形成自己的一套独有的科学的打分体系。

第三步，确定影响地址选择决策的各指标要素的权重。

本步骤的任务就是对于影响选址决策的各指标要素，比如建筑物本身、附属建筑物、基础设施、交通、装修、房租、员工、可视性、邻居店、商圈、房屋产权、地址历史、物流、未来等14个一级要素分别赋予总和为1或100的权重，然后再给每个一级要素下的二级要素分配一级要素的权重。

因为经营者对地址的需求和强调重点不同，也可能是经营者受内外客观因素的影响，经营者在评判一处地址时，对各指标要素的重视度或关心度是不同的。比如，有的经营者更强调店址建筑物本身而不在乎地理位置。当然，经营者也可以强调所有指标中某几个，或者对全部14个指标要素的权重赋予相同的权重。

对于权重的确定，可以依据经营者的经验、行业的习惯、专家的意见、经营者的需要等，也可以采用一种比较简单的方法，即相对比较打分法。

相对比较打分法的具体运用是，将n个指标（此处仍假设为上述14个指标，即n=14）分别按横向和纵向排列成一个表格，并将指标进行两两对比，得出每个指标的重要度分值。得分的规则是，如果纵列的指标比横向的指标更有优势，那么我们就在横向与纵列的交叉点处得分“1”；否则为“0”；指标自己与自己的比较按此规则，得分为“0”。在具体比较的时候，可以广泛地采用专家法、集体调查法、民意测验法等定性的方法，也可以采用定量的方法或定性与定量相结合的方法。最后将每一横向的值相加即可得到各指标的重要度分值。如表13-4所示。

表13-4　相对比较打分法示例

		1.建筑物本身	2.附属建筑物	3.基础设施	4.交通	5.装修	6.房租	7.员工	8.可视性	9.邻居店	10.商圈	11.产权	12.地址历史	13.物流	14.未来	分数	各指标要素权重
1.	建筑物本身	0	1	1	1	1	1	1	1	1	1	1	1	1	1	13	0.14
2.	附属建筑物	0	0	0	1	0	1	1	1	1	0	0	0	1	1	7	0.08
3.	基础设施	0	0	0	1	1	0	1	1	0	0	1	1	0	0	6	0.07
4.	交通	0	0	0	0	0	0	0	0	1	1	0	1	1	0	4	0.04
5.	装修	0	1	0	1	0	1	1	1	1	1	0	0	1	1	9	0.10
6.	房租	0	0	1	1	0	0	0	0	0	1	1	1	1	0	6	0.07
7.	员工	0	0	0	1	0	1	0	1	1	1	1	1	0	0	7	0.08

续表

		1.建筑物本身	2.附属建筑物	3.基础设施	4.交通	5.装修	6.房租	7.员工	8.可视性	9.邻居店	10.商圈	11.产权	12.地址历史	13.物流	14.未来	分数	各指标要素权重
8.	可视性	0	0	0	1	0	1	0	0	1	1	1	0	0	1	6	0.07
9.	邻居店	0	0	1	0	0	1	0	0	0	1	1	1	1	1	7	0.08
10.	商圈	0	1	1	0	0	0	0	0	0	0	0	0	0	0	2	0.02
11.	产权	0	1	0	1	1	0	0	0	0	1	0	1	1	1	7	0.08
12.	地址历史	0	1	0	0	1	0	0	1	0	1	0	0	1	1	6	0.07
13.	物流	0	0	1	0	0	0	1	1	0	1	0	0	0	1	5	0.06
14.	未来	0	0	1	1	0	1	1	0	0	1	0	0	0	0	5	0.06
总计																90	

最后得到14个一级要素的重要度分值分别为13、7、6、4、9、6、7、6、7、2、7、6、5、5。此值越大，表示该指标要素对经营者的地址决策越重要。

然后，以各指标要素的重要度分值除以总计分值90，便可得到各指标要素的权重分别约为0.14、0.08、0.07、0.04、0.10、0.07、0.08、0.07、0.08、0.02、0.08、0.07、0.06、0.06。

对上述一级要素的每一个二级要素或甚至更次级要素的权重，都可以采用上述相对比较法来获得。

第四步，计算每处初选地址的加权总分。

计算方法是将第二步得出的各指标的打分乘以第三步得出的权重，结果就是每处初选地址的加权总分。

第五步，按加权总分高低排列各初选地址。

将第四步计算出的各初选地址的加权总分按高低排列，某初选地址的加权总分越大，就表明按照经营者事先确定的指标要素和地址评估方法，该地址越符合要求。

第六步，单店经济预测，选择候选地址。

虽然上一步已经对初选地址的可行性进行了排序，但还是要做最后一步的工作，即对排序后的初选地址分别进行单店经济预测，并根据预测的结果和经营者的偏好最终决定选择哪一个或几个地址。投资预算如表13–5所示。

表13–5　单店投资预算表示例（餐饮业）

	旗舰店	标准店	小型店
建筑面积（平方米）	900	600	300
总投资（万元）	83.70	55.80	27.90
餐位	360	240	120
每日上座数	540	360	180
上座率	75%×2	75%×2	75%×2
人均消费（元）	30	30	30
每日消费额（万元）	1.62	1.08	0.54
年营业额（万元）	591.30	394.20	197.10
年营业利润（万元）	175.47	112.58	53.29
回收期（月）	7.63	7.93	8.38

必须要记住的是，因为这时还没有跟地址的租售人进行谈判，而且也不知道谈判的过程中会不会发生店址已经租售出去的情况，所以为了保险起见，应至少选择3家以上的候选店址。

单店经济预测主要是根据所选地址的预测投入和预测收入做出的，包括固定成本、变动成本、管理费用、销售额、毛利润、净利润、投资回收期等。

在做预测的时候，不要忘记把租赁店址本身的成本也算进去，包括转店费、拆装费等，还有租赁时获得的额外利益，包括免费装修期、获赠的设备工具等。

通常的规律是，房租贵的地方人流大，房租便宜的地方人流小，所以要记得租赁店铺要考虑的是性价比，而不能片面强调价格一个因素。

13.2 选址相关俚语中的选址之道

选址活动中流行着一些俚语，其中蕴含着深刻的有关选址的经验、教训和知识，可以作为选址的参考。

1. “阴阳街”。

描述在同一条大街上，一边生意兴隆，一边冷冷清清的情况。形成强烈对比、生意迥异现象的原因有很多，从地址上分析可能是因为单行道（通行向路侧生意就好些，禁行向路侧生意就差）、朝向（朝东、朝南相比朝北、朝西可能会好些）等。

2. “一步差三市”。

指即使两家店面是邻居，经营状况也可能相差很多。

3. “金角银边草肚皮”。

“金角”指街角，“银边”指街边，“肚皮”指整条街的中间地段。这个俚语的意思是，选择店址的顺序应该是“角”“边”“肚皮”。这个说法和“不选两头选中间”的说法看起来是矛盾的，但要具体问题具体分析，比如，街道很长时可能是中间更好，街道比较短时可能两头更好；如果是同业商业街，两头的店较好，如果是非同业的商业街，则中间可能更好。

4. “一十二丁三路边”。

意思是十字路口的店最好，次之是丁字路口的店，再次是沿街店了。当然，这些经验也会因行业、企业、开店的战略目的等而有不同。

5. “只选对的不选贵的”。

意思是选址的时候要看性价比，而不能只看价格。

6.“3P”“3L”。

P指place，L指location，“3P”“3L”的意思就是开店至关重要的因素就是“选址、选址、选址”。

7. “不选两头选中间”。

意思是选址的时候不要选一条街的两端，应尽量选择中间的店铺。人们逛街的时候，很少进入第一家店铺就直接消费，往往会抱着“后面还有更好的”心态往前走，所以第一个店铺不是最佳位置；如果一条街很长，很多人没有耐心走到尾，会在中间某个店铺消费。

宜家的餐饮消费占其总营收的5%，在中国市场甚至占到10%，那么，宜家是如何把顾客留下就餐的呢？秘诀之一就是宜家把餐厅设置在购物路线的中间。逛宜家逛到一半的人，身体乏累，碰到就餐的时间很少人会离开宜家出去就餐、吃完再回来，只会想着去宜家餐厅吃点东西，再继续逛。

8. “借人气”。

指地址应该能够借助周边邻居的流量，既可以在大店内部开设自己的店，也可以在其附近开店。商超、著名品牌店、车站、机场、景区、高速路的服务区、剧院、电影院、公园、广场、大工厂、机关、学校等都是可借人气的对象。

9.“店大招远客”。

意思是选址的时候未必要求周边没有竞争的同行，相反，如果同行都聚集在一起，形成某某一条街，大家都能获益，比如在北京，买茶叶要去马连道、配眼镜要去潘家园等。类似的说法还有“同行密集客自来”等。

10.“交通畅，财源旺。”

指店面周边一定要交通畅通。

11. “把口占角，占去路”

“把口占角”就是把店开在十字路口的把角处，这样才能让更多路人看到店铺，宣传效果好。有统计数据显示，在路口把角开店的客流量比在路的单侧开店增加近40%。“占去路”指在店前人流的回家路侧开店而不在去向路侧开店。在去向的路侧，路过的人都是匆匆忙忙地去上班、上学、办事，很少会停下消费。但回家时不同，路人有足够的时间停下来逛街和消费。当然，有些时候情况恰恰相反，比如早餐店更合适在去向的路侧开店。

12. “酒香不怕巷子深”

意思是如果产品或服务好，或者宣传做得好，那么，即使地址很偏僻，也可能生意兴隆。

第 14 章　谈判

14.1 谈判的技巧

谈判是一项科学加艺术的工作，选址人员要熟练掌握谈判的系列技巧。下面这些技巧可作为实际谈判时的参考。

（1）谈判一定要围绕合同条款逐条进行，合同就是谈判的全部内容。

（2）可以找不同的人以不同的价格、条件等分别去和租售人谈判，这样既可以避免提出的价格太低或条件太苛刻而使租售人直接拒绝，而让失去一个可能的好店址，也可以由此迅速有效地摸到租售人租售价格或条件的底牌。

（3）永远不要让租售人看出你租买的迫切性，否则会丧失很多谈判优势；相反，如果能准确判断出对方急于出手，就可获得谈判优势。

（4）在网络上搜索目标店址及其周边店铺的价格，做到心中有数。

（5）对租买条件及合同的每个条款，都必须要确定自己的接受底线。

（6）强调自己和其他租买人的不同，比如租期更长、更安全、更守法、更有信用。

（7）一定要找出目标店址尽可能多的缺点，然后明示或暗示给对方，以争取谈判的优势地位。

（8）只要对方开出条件，绝大多数情况下是可以就这些条件讨价还价的，不要轻易接受对方的条款，或相信对方不讨价还价的说法。

（9）可以寻找和目标店址的租售人有关系的朋友协助沟通。

（10）最好和能对店址做最终决策的人谈判，否则谈判时间长、效率低且中间传话容易产生误解。

（11）选址的人未必和前去谈判的人一致，派去谈判的人应该具备一些基本特长，比如亲和力强、思维清晰、善于心理战、口齿伶俐。

（12）在未决定放弃前，千万不要把话说“死”，一定要留有进退的余地。比如对方要求你当场做你不能接受的决定时，可以以必须向领导汇报、大家集体讨论等借口推托。

（13）谈判者除了对目标店址有充分的了解外，还一定要了解对方的谈判人，知己知彼方能百战不殆。

（14）如果条件许可，每次洽谈最好能录音，作为将来签合同的依据。

（15）如果可能，最好不要一个人与对方谈判，一个人会遗漏问题、缺少同伴的商量与提醒等，这些对谈判都是非常不利的。

（16）每次谈判，如果有重要内容，务必当场形成备忘录，并双方签字，以备后续谈判或签订合同之用。

（17）由低到高谈价格。从高到低地砍价，容易被租售人牵着鼻子走。先开出较低的价格，再逐步加价，则可能最终谈成较低的价格。

（18）找到几个在目标店街道上对类似店面有需求的租买者，团租的价格应该低一些。

（19）寻找最恰当的时机。

（20）进入特别的区域能获得优惠，如经济开发区。

14.2 《店址租买洽谈记录表》

每次谈判时都务必要做好记录。如表14–1所示。

表14-1　店址租买洽谈记录表

<table>
<tr><td>店址名称与位置</td><td colspan="4"></td><td colspan="3">在候选地址中的排序</td><td></td></tr>
<tr><td>店址基本情况</td><td colspan="4">建筑／使用面积：
楼层：
商圈：
要求房租：（数额、押金、递增）
租期：
租售人：（企业、个人）</td><td colspan="3">店址正面照片</td><td></td></tr>
<tr><td>总谈判次数</td><td colspan="4"></td><td colspan="3">本次谈判第几次</td><td></td></tr>
<tr><td>我方洽谈人</td><td colspan="8">姓名：　　　　　　职务：
姓名：　　　　　　职务：
姓名：　　　　　　职务：</td></tr>
<tr><td>对方洽谈人</td><td colspan="8">姓名：　　　　　　职务：
姓名：　　　　　　职务：
姓名：　　　　　　职务：</td></tr>
<tr><td>洽谈起止时间</td><td colspan="2"></td><td>洽谈地点</td><td colspan="2"></td><td colspan="2">洽谈方式</td><td></td></tr>
<tr><td>洽谈内容要点</td><td colspan="8">1、
2、
3、
4、</td></tr>
<tr><td>达成一致的内容</td><td colspan="8">1、
2、
3、
4、</td></tr>
<tr><td rowspan="8">存在争议的部分及各自诉求</td><td>序号</td><td colspan="2">争议点</td><td colspan="3">我方诉求</td><td colspan="2">对方诉求</td></tr>
<tr><td></td><td colspan="2"></td><td colspan="3"></td><td colspan="2"></td></tr>
<tr><td></td><td colspan="2"></td><td colspan="3"></td><td colspan="2"></td></tr>
<tr><td></td><td colspan="2"></td><td colspan="3"></td><td colspan="2"></td></tr>
<tr><td></td><td colspan="2"></td><td colspan="3"></td><td colspan="2"></td></tr>
<tr><td></td><td colspan="2"></td><td colspan="3"></td><td colspan="2"></td></tr>
<tr><td></td><td colspan="2"></td><td colspan="3"></td><td colspan="2"></td></tr>
<tr><td></td><td colspan="2"></td><td colspan="3"></td><td colspan="2"></td></tr>
</table>

续表

<table>
<tr><td>本次洽谈的经验</td><td colspan="5">1、
2、
3、</td></tr>
<tr><td>本次洽谈的教训</td><td colspan="5">1、
2、
3、</td></tr>
<tr><td>关于洽谈的建议</td><td colspan="5">1、
2、
3、</td></tr>
<tr><td rowspan="3">下次洽谈约定</td><td>时间</td><td colspan="4"></td></tr>
<tr><td>地点</td><td colspan="4"></td></tr>
<tr><td>方式</td><td colspan="4"></td></tr>
<tr><td>本次洽谈的
现场照片</td><td colspan="5"></td></tr>
<tr><td>本次洽谈人签字</td><td></td><td>主管选址
领导签字</td><td></td><td>总经理签字</td><td></td></tr>
</table>

每次谈判后都要及时将记录表汇报给领导或相关人员并一起讨论，针对谈判各方面进行总结，然后对关键问题制订下一步的谈判方案。

要记住，对于谈判不成功的所有店址，都应保存资料，以备将来之需。

第 15 章　确定最终店址、签约

15.1 租买类别

店址的租买可以分为基本的4大类：原始租赁、转租、购买和买地自建。

1. 原始租赁。

原始租赁指租赁者直接和该处店址的产权所有人进行租赁交易。

2. 转租。

转租指和租赁者进行直接租赁交易的一方不是该处店址的产权所有人。按照租赁的交易层级，转租又可以分为二次转租、三次转租等，分别指和租赁者进行直接房屋租赁的一方是二次转租租赁人、三次转租租赁人等。

相比较而言，转租的风险有时要大于原始租赁。通常转租的次数越多，租赁背后的复杂性可能越大，租赁者的风险也就越大。转租可能存在如下问题。

（1）产权人和转租给租赁者的一方之间可能有“不可以再转租”的协议，转租给租赁者的一方为了和租赁者签订转租协议可能故意隐瞒这个事实。

（2）转租给租赁者的一方和产权人之间的租赁期限减去已经发生的租期，可能已不能满足租赁者的租期要求，这样的话，当该租期到期之后，产权人可能会抬高租金或不愿意继续和租赁者进行租赁交易，这将使租赁者陷入非常被动的境地。

（3）转租给租赁者的一方可能会在原始租赁的价格基础上再抬高价格。

（4）如果租赁者和转租人经营的行业、模式很接近，租赁者要更为谨慎，转租的原因可能就是这个地址不适合。

（5）转租给租赁者的一方和产权方之间在租赁上有纠纷，转租给租赁者的一方可能会在租赁者不知情的情况下，把这些纠纷转嫁给租赁者。

（6）转租给租赁者的一方可能会要求租赁者同时租或买下该处地址原有的设备、器材、设施、原料等，这些费用可能非常高。

3. 店址购买。

店址租赁和购买各有利弊。如果资金充裕，而某个商铺的未来市场前景又好，采取购买的方式也未尝不可。

有的企业希望购买某店址并自己设计和建设单店，虽然这样做时间较长、资金较高，但企业可获得非常大的自主权。

4. 买地自建。

为了便于自由布局，获得地皮升值的利润，企业也可选择买地自建的方式。

15.2 租约签署原则

（1）验证房屋的所有合法手续：产权证（原件）、过户或转让证明、税单、是否抵押、是否有债权纠纷。

（2）必须确保房屋类型为商业房性质，土地是非住宅性质方可承租作为商铺，否则将面临无法办理营业执照及非法使用房屋的危险。

（3）免租期尽量长。

（4）严禁抽成的合作方式。

（5）协议明确不支付任何佣金。

（6）明确各项赔偿责任，尤其互不承担财产保险责任。

（7）我方拥有房屋的使用权。

（8）我方可进行整体转租、部分转租及互换房屋。

（9）有优先续约权。

（10）可按单店要求进行装修。

（11）要有完善退出机制，以60天缓冲为宜。

（12）租金以季付或半年付为主，需预付的要有折扣条件。

（13）尽量不付定金。

（14）物业服务项目尽量由对方承担，水、电、暖费用要明确。

（15）对方态度比较急切时要慎重。

15.3 签约前的调查

在签约之前必须进行比较详尽的调查。

要确认房主是不是真具有出租的资质，承租转租房屋的，还应当确认“一房东”与“二房东”之间的租赁合同中具备同意转租的条款，或“二房东”已获得“一房东”的授权。可以到房地产登记机构查询确定建筑物的所在地、所有权及其他事项。如果知道实际所有权人，也需要查证是否以房主名义登记。

15.4 签约的内容

如果是加盟店，务必记住签订合法租房合约的期限一定要超过加盟期。租房合同需记载以下事项。

（1）当事人姓名、交房屋时间、登记时间。

（2）建筑所在地及建筑面积、使用面积。

（3）租金、付款时间与方法。

（4）有关手续费、保证金收受的约定，要载明金额、收受时间、付款目的等。

（5）可解约的情况、解约的条件。

（6）有预设损害赔偿额或违约金的情况，要载明具体办法。

（7）规定有关税赋、发票的条款。

（8）由于承租人在交房租之后需要对房屋进行装修，免租装修期时常会出现在合同之中，在签订合同时一定要明确约定装修期的起止时间及免除费用的具体项目，一般情况下只免租金，实际发生的水电费还需按合同约定支付。

（9）明确有使用权，可以整体转租、部分转租及互换房屋。

（10）明确有优先续约权。

15.5 签约阶段的注意事项

（1）明确房屋的建筑面积、使用面积等数据是否与实际情况一致；注明全部租用，还是租用部分；明确租用面积及区域，在平面图上用红笔标记，并签章作为合同附件之一。

（2）租赁房屋时要明确租金金额总数、付款时间及租金以外的各种费用；明确将来若有续租、转租如何处理；明确押金在什么条件下归还，押金的性质。另外，费用方面，要详细注明款额、起算日、租期、续租时涨价的计算基准及限度、管理费和公共设施费及其他项目的支付等。

（3）物品交接要确认，要注意电力状况、排水设备状况，以及可能发生的问题，详细记载于交接单中，并签章作为附件之一。

（4）明确何时申请出租许可登记（备案）；要清楚注明租房合同的起始期间。

（5）明确何时解除合约；必须具体规定解除合约时要进行哪些手续及会导致何种结果等事项。

（6）注明自然灾害及其他不可抗力的损害该由谁负责，如何负责等。

（7）注明店铺装修时需办理的手续。

（8）注明是否有装修期，装修期尽量长，最好能再争取门店经营的免租期。

（9）物业费用尽量要求由对方负责。

（10）明确保密条款。

（11）明确房屋安全和修缮条款。

（12）对方态度比较急切时要慎重。

15.6 《房屋租赁合同》模板

合同编号：JYBD-ZL/（2020）004

《房屋租赁合同》

甲方（出租方）：

乙方（承租方）：

根据《中华人民共和国合同法》及相关法律法规的规定，甲乙双方在平等、自愿的基础上，经协商一致，就甲方将房屋出租给乙方使用事宜，订立本合同。

第一条 租赁房屋的合法性

甲方保证所出租的房屋符合国家对租赁房屋的有关规定。

第二条 租赁房屋的基本情况

1. 房屋坐落：租赁房屋位于________________（省、市）______________（区、县）__________（街道或路）；门牌号为________________。

2. 房屋面积：建筑面积______________m^2，使用面积______________m^2，套内面积________________m^2。

3. 甲方应向乙方提供租赁房屋消防验收合格证明，编号为：________。

4. 停车场面积共________________m^2，及附带说明：________________。

5. 房屋产权证编号：________________。

6. 该房屋现有装修及设施、设备情况详见合同附件一《租赁房屋交接单》。该附件作为甲方按照本合同约定交付乙方使用和乙方交还该房屋时的验收依据。

第三条 双方应提供的文件、资料

本合同签订时，双方应向对方提供如下文件、资料，所有资料仅供本次租赁使用。

1. 甲方应提供的文件、资料。

（1）房屋的产权、依法批准使用的用途证明；

（2）房屋建筑及电水气、网络等图纸；

（3）自然人的身份证明、企业的营业执照等文件。

2. 乙方应提供身份证明或企业的营业执照等文件。

第四条 租赁期限、房屋用途

1. 该房屋租赁期共______年，自______年______月______日起至______年______月______日止。其中，房屋的免租期为______天。甲方应于______年______月______日向乙方交付房屋。

2. 乙方向甲方承诺，租赁该房屋仅作为__________使用。

3. 租赁期满，若双方均未于租期届满 1 个月前书面通知对方变更合同主要内容或不再续约，则本合同自动顺延。

4. 若甲方于租期届满前按照本合同约定要求收回出租房屋，乙方应如期交还。若甲方继续出租该房屋，则乙方具有同等条件下的优先续租权。

第五条　定金条款

签订本合同时乙方应支付甲方定金人民币（大写）________元（小写：________元）整，不足部分于三日内补足。甲方向乙方出示书面签收证明。租期开始前，若甲方反悔，则上述定金由甲方双倍返还给乙方；若乙方反悔，则定金由甲方没收。租期开始后，定金自动转为等额的房租或保证金。

第六条　租金、支付方式及幅度

1. 该房屋每月租金为人民币________元（大写_____万_____仟_____佰_____拾_____元整）。

首次支付人民币________元（大写_____万_____仟_____佰_____拾_____元整），作为租赁押金；

同时支付人民币________元（大写_____万_____仟_____佰_____拾_____元整），作为首次租金（为_____个月之租金）。

之后，租金每________个月支付一次，每次支付时间为：应支付租金月的前_____日。

租金总额为人民币________元（大写_____万_____仟_____佰_____拾_____元整）。

租赁押金于合同期满且双方不再续约时，或根据本合同约定或法律规定合同提前终止时，房屋经双方检验合格并且对租金结算无异议，乙方交还房屋的同时一次性返还乙方（不计利息）。

2. 房屋租金按如下第_____种方式支付。

（1）现金支付；

（2）银行转账；

（3）其他______________________________。

接上述第（2）项方式支付的，乙方将房租转账支付至甲方提供的如下账户。

开户行：________________________

开户名：________________________

账　号：________________________

若因甲方上述银行账号在本合同履行期内的变更、注销及其他不可归责于乙方的原因导致甲方不能按期收到货款，违约责任由甲方承担。

甲方收款后____日内应提供给乙方合法有效的房屋租赁发票。

3. 该房屋租金____（□年□月）内不变。自第____（□年□月）起，双方可协商对租金进行调整。甲方要求提高租金的，提高的幅度为每　年提高一次，每次增幅不超过原有租金的____%。

4. 双方关于租金的其他说明：____________。

第七条 租赁期间相关税费的承担

本合同履行期间，双方应按时、足额支付相关税费。

1. 租赁期间，房屋和土地的产权税由甲方依法缴纳。如果发生政府有关部门征收本合同中未列出项目但与该房屋有关的费用，应由甲方负担。

（1）租赁房屋的____________费用由甲方承担。

（2）甲方不得要求乙方支付本合同未明确约定由乙方承担的费用。

2. 甲方不得要求乙方支付本合同未明确约定由乙方承担的费用。

3. 租赁期间，甲方承担的费用有：____________；

乙方承担的费用有：____________。

①物业管理费 ②水费 ③电费 ④电话费 ⑤电视收视费 ⑥网络费 ⑦燃气费 ⑧采暖费 ⑨其他____________。

第八条 房屋修缮与使用

1. 在租赁期内，甲方应保证出租房屋的使用安全。该房屋及所属设施的维修责任除双方在本合同及补充条款中约定外，均由甲方负责。

甲方提出进行维修工作须提前____日书面通知乙方，乙方应积极协助配合。甲方的维修应以不影响乙方的正常使用为前提。

乙方向甲方提出维修请求后，甲方应及时提供维修服务。

2. 乙方应合理使用其所承租的房屋及其附属设施。

3. 乙方在不影响房屋结构的前提下，可以对承租房屋进行装修装饰。甲方应当提供房屋相关的建筑、电水气、网络、管线等图纸及相关材料予以配合。

4. 乙方如需改变房屋的内部结构，须事先征得甲方的书面同意方可施工。除非有合理的正当理由，甲方应当允许。

5. 租赁期满后或非因乙方责任导致合同终止的，依附于房屋的装修归甲方所有，甲方应当根据乙方提供的装修费用凭证总额的______%折算费用后补偿给乙方。

若因乙方原因导致合同无法继续履行或提前终止（不可抗力及本合同另有约定等情况除外），则甲方无须对乙方就房屋装修投入的费用给予任何补偿。

第九条 房屋的转让与转租

1. 租赁期间，甲方不得将房屋转让给他人或与他人房屋交换使用。甲方转租房屋对乙方造成损失的，应当承担损害赔偿责任。

2. 双方一致同意，在不影响甲方就合同内容所享有的权利的情况下，乙方在本合同期间确有需要时可以转租房屋。

3. 乙方需要与第三方互换用房时，应事先征得甲方同意，甲方应支持乙方的合理要求。

4. 甲方出售房屋，须在______个月前书面通知乙方。在同等条件下，乙方有优先购买权。

第十条 合同的变更、解除与终止

1. 双方可以协商变更或终止本合同。

2. 甲方有以下行为之一的，乙方有权解除合同。

（1）不能按合同约定提供房屋或所提供房屋不符合约定条件，影响使用的；

（2）未尽房屋修缮义务，影响使用的；

（3）对乙方提出的合理要求不予配合，影响乙方使用的；

（4）法律法规规定及合同约定的其他情形。

3. 房屋租赁期间，乙方有下列行为之一的，甲方有权解除合同，收回出租房屋。

（1）未按本合同约定，随意拆改变动房屋结构或损坏房屋的；

（2）损坏承租房屋，在甲方提出的合理期限内仍未修复的；

（3）未经甲方书面同意，改变本合同约定的房屋租赁用途的；

（4）利用承租房屋存放危险物品或进行违法活动的；

（5）逾期未按约定交纳各项费用并给甲方造成严重损失的；

（6）拖欠房租累计______个月以上的。

4. 因不可抗力因素导致合同无法履行，合同终止。

5. 本合同解除或终止之日起______日内，甲方应当将合同所有款项结算给乙方，乙方应当将租赁房屋返还给甲方。

第十一条 房屋交付及收回的验收

1. 甲方应保证租赁房屋本身及附属设施、设备处于能够正常使用状态。

2. 验收时双方共同参与，如对包括装修、器物等硬件设施、设备在内的任何问题有异议应当场提出。当场难以检测判断的，应于______日内向对方主张。

3. 乙方应于房屋租赁期满后，将承租房屋及交付使用时原有的附属设施、设备交还甲方，并应当保持房屋及设施、设备的完好状态（合理、正常使用损耗及设备自身寿命终止除外），不得拆除和破坏。

第十二条 甲方的违约责任

1. 因甲方原因致使合同解除、无效或提前终止（包括提前收回房屋）的，甲方应支付给乙方本合同租金总额20%的违约金。违约金不足以弥补因此给乙方造成的损失时，甲方还应对超出违约金的损失进行赔偿。

2. 甲方逾期交房的，每逾期一日应向乙方支付日租金万分之______的滞纳金。若甲方交付的房屋不符合本合同约定的条件，则甲方应负责尽快改善以达到约定。在此期间，甲方应按上述标准支付滞纳金。

3. 该房屋交付时存在缺陷的，甲方应自交付之日起的______日内进行修复，逾期不修复的，甲方同意减少当月租金的______%，并变更本合同租金条款。

4. 乙方在甲方怠于履行维修义务或情况紧急时组织维修的，甲方应支付相应的费用或折抵租金，但乙方应提供有效凭证。

5. 甲方违反本合同约定致使乙方无法行使优先续租权、优先购买权等合同权利的，或有其他违约情形的，应按照本条第1款的约定承担违约责任。

第十三条　乙方的违约责任

1. 租赁期间，乙方有下列行为之一的，甲方有权终止合同，收回租赁房屋。乙方应按照合同总租金的______%向甲方支付违约金。若支付的违约金不足以弥补甲方损失的，乙方还应负责弥补损失。

（1）未按本合同约定，随意拆改变动房屋结构或损坏房屋的；

（2）改变本合同规定的租赁用途或利用该房屋进行违法活动的；

（3）拖欠房租累计______个月以上的。

2. 乙方如逾期支付租金，每逾期一日须按日租金的万分之______支付滞纳金。

3. 租赁期满双方不再续约的，乙方应如期交还该房屋。乙方逾期归还，则应按逾期天数支付房租。

4. 乙方有其他违约行为的，应按照本条第1款的约定承担违约责任。

第十四条　保密条款

1. 非经提供方事先书面同意，合同对方（以下称使用方）不得将提供方在本合同签署及履行过程中披露的包括但不限于标注为“保密”或“秘密”等的任何资料、文件、物品及信息（包括本合同内容）披露给任何第三方；使用方向与执行本合同的有关人员提供上述资料、文件、物品及信息时，应保证有关人员遵守保密义务；由于使用方或其人员之原因引起泄密而造成提供方损失的，由使用方赔偿全部损失。

2. 本条款构成独立的保密协议，不因本合同的终止或无效而受到任何影响。

第十五条 免责条款

1. 因不可抗力或国家政策规定需要拆除已租赁的房屋等原因致使本合同不能继续履行或造成双方的损失，甲乙双方互不承担责任。但若上述事件之后，合同仍然在有效期内并且仍然具备履行条件的，双方可协商继续履行的相关事宜，并签订补充协议加以约定。

若因租赁房屋拆迁等原因导致合同无法继续履行的，乙方有权在甲方所获得的补偿款中，按照本合同约定的房屋租金，根据本合同未履行的期限得到甲方的补偿。具体补偿金额的计算方式如下。

补偿金 = 每月房屋租金 × 未履行的合同期限（月数）

乙方可以就该补偿款从应支付给甲方的房租中抵扣。

2. 因上述原因终止合同的，租金按实际使用时间算，不足整月的按天数算，多退少补。

3. 不可抗力系指“不能预见、不能避免、不能克服”的事件。

4. 免责事由发生______日内，遭遇或知晓免责事由的一方应将相关情况书面通知对方，并提供相应的依据，否则应承担因未及时通知而给对方造成的损失。

第十六条 争议解决

本合同项下发生的争议，由双方当事人协商或申请调解；协商或调解解决不成的，按下列第______种方式解决（以下两种方式只能选择一种）。

1. 提请________________仲裁委员会仲裁；

2. 依法向乙方所在地人民法院提起诉讼。

第十七条 其他

1. 本合同及附件一式三份，具有同等法律效力。合同自双方签字盖章之日起生效，由甲乙双方各执一份，向房屋租赁登记机关报备一份。

2. 甲乙双方约定本合同签署后的______日内，应由甲方持《房屋租赁合同》《房屋租赁合同登记备案证明》和乙方的身份证明向房屋所在区、县房地产交易中心办理登记备案，由区、县房地产交易中心出具《房屋租赁合同登记备案证明》。

3. 凡变更、终止本合同的，由甲方负责在本合同变更终止之日起的15日内，向原登记机构办理变更、终止登记备案手续。因甲方未办理房屋租赁合同登记备案或变更、终止登记备案的引起的法律纠纷，由甲方承担一切责任。

4. 本合同未尽事宜，经甲乙双方协商一致，可订立补充条款。本合同补充条款及附件均为本合同不可分割的一部分，与本合同具有同等法律效力。

5. 本合同依《中华人民共和国合同法》执行。

附件一：《租赁房屋交接单》

甲方代表人签字：	乙方代表人签字：
甲方盖章：	乙方盖章：
甲方身份证号（营业执照号）：	乙方身份证号（营业执照号）：
电话/传真：	电话/传真：
甲方地址：	乙方地址：
邮编：	邮编：
______年______月______日	______年______月______日

附件一：《租赁房屋交接单》

房屋坐落：＿＿＿＿＿＿　合同号：＿＿＿＿＿　交接日期：＿＿＿＿＿

序号	名称	交接情况	已用年限	验收意见	处理结果
1	户门、门套				
2	地面				
3	墙面、屋顶				
4	铝合金门窗				
5	给水				
6	排水				
7	闭水实验				
8	有线电视				
9	电话				
10	电源插座				
11	宽带				
12	各种灯具				
13	开关、配电箱				
14	地暖分集水器				
15	地热管道				
16	可视对讲				
17	空调				
18	热水器				
19	家具家电				
20	天然气表、管道				
21	计量表底数	电　表（IC卡）		(kwh)	
		冷水表（IC卡）	(t)		
22	钥匙交接	共　把			
备注					

交付人：　　　　承接人：

注：本表一式两份，交接双方各执一份。

第 16 章　选址管理

16.1 选址的团队及人力资源管理

一般，大的零售机构和连锁店企业都有专门的选址员或选址部门。小型零售机构或非连锁的单店虽然没有专门的选址员，但在开店前的选址时，也一定会有人专门负责这一工作。

随着选址工作的被重视以及选择合适地址的难度逐渐增加，选址员正慢慢地成为技术性岗位。

经营者在实际的选址工作中，选址团队可以只有一个人，也可以是一组人。如果条件允许，最好是组织选址团队，这样选址效率和效果都要好一些，可以避免很多问题，比如人员孤单、选址受个人主观意志影响过大、个人能力有限、过度劳累、责任压力大、财务腐败等。

但不管如何，因为选址本身是一项对技术和经验要求都很高的工作，如果经营者的计划是将来要开设多店或连锁店，那么应在选址时着意培养选址专业技术人才。同时，如果经营者要编制选址手册，那么其选址人员队伍中一定要有对文本写作与整理比较熟练的人，其任务就是按照选址手册的要求，把诸多选址人员在选址工作中的经验、心得等进行记录与整理，并结合选址理论编制成册。

16.2 选址的费用管理

选址有不同的方法，每种方法的花费各不相同，有的方法费用低或甚至没有费用，有的则费用高昂，所以对选址费用进行科学的管理成为必要。

选址费用管理的基本原则其实很简单，就是花最少的钱，选择最合适的地址。选址的费用管理应坚持对选址做详细的整体规划，做出费用预算。要结合自己的资金实力和实际需要，仔细、慎重地确定几种待选的选址办法，然后对每种选址办法在费用上做合理分配，这样就可以在最大限度地节省费用的前提下，完成既定的选址任务。

一般而言，选址的费用会包括如下几项，每项费用的管理方式也各不相同。

1. 选址员的工资。

如果是专职的选址员，则工资是固定的；如果是临时聘请的兼职选址员，则工资浮动可能很大，要严格控制这个费用。比如，如果采用“扫街”式选址，那么可以采用专职选址员和兼职选址员相结合的方式。这样对兼职选址员，没必要选择水平很高、资历很深的人，而只需要选择能够搜集基础资料的人，比如可请在校学生兼职。专业的选址员只需做好对兼职选址人员的培训、管理，并指导他们正确操作即可，如此就可以把选址人员的工资费用减至最低。

2. 选址员的差旅费用（包括食宿）。

如果是选址员到异地去选址，那么差旅费可能开支较大，要严格管理，坚持实报实销的原则，最大限度堵住漏洞。

3. 交通费用。

这个交通费用指选址人员使用交通工具在选址区域进行现场查看时的费用。一般选址人员的交通工具无非是双腿、自行车和机动车3种。具体采用哪一种工具，要根据具体情况来区别对待。既不能为了节省费用要求选址员一直步行，因为这样时间长、速度慢、人员容易过度疲劳、工作效率低，也不能不加分析就使用机动车，因为机动车的成本高、容易遗漏细节、车辆管理麻烦等。

4. 通信费用。

选址中的通信费用主要包括两大类，一类是选址员向总部或上级决策者汇报地址信息的通信费，另一类是选址员和目标店址房东或转租者等联系时发生的通信费。后一类费用可能较大。选址者可以采用许多办法来节省通信费，比如尽量使用固定电话、使用可以优惠话费的电话卡或特定号码、使用网络通话（微信、QQ等）等。

5. 中介费用。

当选址委托给中介时会不可避免地发生中介费用，一般而言，中介公司或个人收取的中介费为目标店址一个月租金，最多不超过两个月，如果是购买房屋的产权，那么一般不超过房屋总值的2%。当然，不同的地区、不同的中介公司或个人会有不同的价格，选址者应努力谈判，取得最低的中介费。

6. 广告费用。

当选址需要做广告时，广告费用是不小的开销，选址者应谨慎选择广告媒介，因为选址往往是一次性的，并不需要长期的广告效果，所以不要盲目求大。

7. 公关费用。

选址中会发生一些公关费用，尤其是在利用关系方选址、利用供应商资源、“挖铺”等时就更是如此，选址人员应本着节约和量力而行的原则，最大限度地节约公关费用。

8. 其他费用。

选址中会产生其他如上网费、查找资料费、购买杂志报纸等媒介费、并购费、并购前的调查评估费等费用，选址人员要严格地控制这些费用，使支出最小化。

16.3 选址的信息管理

广义上的选址的信息管理包括选址前、选址中和选址后的所有与选址有关的信息的管理，但我们主要研究的是狭义上的选址的信息管理，即选址过程中的信息管理。

在选址的过程中，选址人员会遇到许多候选地址，每个地址都有大量信息，选址人员为了最后确定究竟哪一处地址最合适，就需要对每处地址的信息进行详细的分析和研究。

选址中的信息管理工作的重点是信息的搜集、记录和处理，下面重点谈谈几个在信息的搜集、记录和处理方面应注意的问题。

16.3.1 信息的搜集

地址的信息搜集是个复杂的过程，详细信息的搜集需要企业花费一定的资源和利用相当的技术。

1. 信息搜集的内容。

关于一处地址的信息最少应包括地址的名称、位置、联系人、联系方式、面积、价格等。

要注意的是，地址的详细信息条目会因行业不同而不同，比如餐饮店选址者和服装店选址者对地址的信息需求是不同的，即便同是餐饮店，火锅店和快餐店，不同店的信息需求内容也是不同的，所以每个选址的企业或个人都应根据自己的实际需要，列出自己的信息需求明细。

2. 信息搜集的来源。

地址的信息来源主要两个：一是该处地址的房东或转租者；二是选址者自己的调查。需要注意的是，来自房东或转租者的信息是需要选址者验证的，因为房东或转租者为了促使地址交易完成，可能故意歪曲部分信息内容。

3. 信息搜集的方法。

（1）调查咨询。可以通过打电话、当面交谈、设计问卷、访问等方式进行。

（2）现场获得。可以通过观察、拍照、测量等方式进行。

（3）查阅资料。包括查找工商局资料、街道办事处资料、税务局资料、城市规划局资料、城市黄页、网络信息等。

4. 信息搜集的顺序。

一定要坚持循序渐进地搜集方法。为最大限度节省成本、加快速度、提高效率和避免无效劳动，对于地址的信息不必一次性搜集得特别全面，因为每个信息的获得都需要付出一定的资源，包括时间、资金、人力等，而应循序渐进地搜集。循序渐进地搜集指应使用排除法以使需要详细调查的地址数量减至最少。为此，选址人员可事先确定一些关于地址的一票否决条件，比如价格的范围（上限和下限）、面积的大小（上限和下限）、地理位置、租用期限（上限和下限）、楼层高度（上限和下限）、门脸宽度（上限和下限）。如此，选址人员可通过一票否决的办法迅速排除一些店址，选址的速度就会大大加快，成本也会降低，效率得到提高。

16.3.2 信息的记录和处理

1. 尽可能详细地记录每处地址的相关信息。

在选址过程中，条件允许的话，对于所遇到的每一个可能的候选地址，都要尽可能详细地记录相关信息。

2. 保存所有信息。

无论某地址是否被排除在候选名单之外，都不应删除其信息记录，而应妥善保存这些信息，以备不时之用。企业在选址过程中得到的大量地址信息是非常宝贵的资源，企业可以将之有偿或无偿地提供给其他地址需求者。

3. 边记录边处理。

因为每天都可能收集到大量不同地址的信息，如果积累了一定数量再集中处理，至少会有两个弊端：一是获得合适地址的时机被耽误；二是处理信息量大，容易出错。所以，选址人员应坚持边记录边处理的工作方法，以最有效地抓住有利机会，同时减少出错。

16.3.3 编制选址手册

如果企业计划在未来开设多店或连锁店，那么在选址的过程中应该运用知识管理的方法把整个选址工作前前后后的技术或知识编制成手册。

（1）把选址实际工作中的经验、技巧、知识等信息以条理清楚、逻辑性强的形式记录下来，并结合理论知识对其进行校正、总结与规范，这样的手册就是企业的宝贵财富，可作为以后再选址时选址人员的参考或培训资料。如此，经过一代代选址人员的努力和持续性修正，手册会不断完善，可为企业以后的选址成功奠定坚实的基础。

（2）可以有效预防部分或全部选址人员离职后的尴尬状况，企业可以迅速地以选址手册作为参考或培训资料使新上任的选址人员迅速进入选址工作状态，这就使企业摆脱了依赖个别人或受制于个别人的不利境地。

（3）手册是个人资源公司化的有效手段，通过把不同个人的知识融合、积淀成手册的方式，企业有效地把个人资源转化为公司资源，从而最大限度地实现了个人资源的有效开发。

（4）选址手册是企业日后的可能的特许经营模式的必备手册之一，平时的、事先的积累的效果和质量要比一次性专门编制手册的效果和质量好得多。

（5）边干边记录有利于手册内容的丰富、实战和全面。很多企业总是在许多年之后，亦即开始或准备实施特许经营工程、连锁工程的时候才想起编制选址手册，这样编制的手册是需要总结性“回忆”的，而许多选址人员的离职、资料的遗失、记忆的忘却等却使“回忆”常常遗漏很多重要内容，如果在选址时就有意识地记录、整理和编制选址手册，遗漏的可能性就大大降低，编制的手册内容也就更为丰富、实战和全面。

16.4 如何科学计算两店之间的合理距离

16.4.1 两店之间距离合理与否的重要性

在连锁店企业的拓展扩张过程中，必须要解决的重要问题之一就是相邻的两家店之间的最合理距离。我们可以从两个方面来分析两店之间合理距离的重要性。

1. 从规则上讲。

如果某店是加盟店，那么按照特许经营的规则和行业惯例，特许人必须保证该加盟店有足够的科学合理的商圈或消费人群数量，以保证该店能达到双方预期的营利目标，而这一条，通常被写到特许经营合同里。

2. 从商业上讲。

（1）相邻的两家店之间的距离设置过大，可能导致两种不良后果：要么会服务不到部分顾客（因为距离远，顾客不愿意来店消费）；要么因为来店消费顾客过多（因为附近没有别的店，只能挤到一家店消费）导致店面无法提供足够的服务。上述哪两种情况都会直接导致顾客的不满意和抱怨。更何况，第一种情况还会严重浪费连锁店企业的商圈和消费者潜力。

（2）如果两家店之间的距离设置过小，则它们会互相竞争，结果是要么每家店都“吃不饱”，盈利水平直线下降或可能亏损，要么就是自家多店开始恶性“内战”。

16.4.2 如何计算两店之间距离

传统做法是简单规定一个合理“半径”或“距离”，比如规定每家店面半径1000米之内不再开设第二家店，或者两店之间的直线距离不得低于2000米，等等。从表面上看，这种方法简单易行、似乎也少有争议，但其实这种做法是非常不科学、不合理的。商圈本身根本就不是圆形的，虽同是1000米的直线距离，但因为步行、开车、绕弯等不同情况会导致顾客到店时间差别非常大。比如有时候1000米直线距离是顾客能接受的，而如果1000米的直线距离内有环岛、单行线、封闭道路阻隔，则会降低顾客到店的意愿，所以仅按“半径”或“距离”来决定两店之间的距离是不合理的。比如火车站、闹市区等人流密度非常大的地方，甚至可以不到100米就开一家店；在人群密集的大型购物中心内，甚至可以每层都开一家店；在人口稀少的郊区，可能每隔8000米才有必要开一家店。

在设置两店之间的合理距离时，真正应考虑的是有效消费人群的数量，然后算出的每家店营利所需要的总的消费人群数量以及消费者的实际到达时间，再根据这两个因素来共同设定店与店之间的合理距离。

16.4.3 计算两店之间距离具体步骤

具体而言，经过如下3个步骤，便可以科学合理地确定某地是否可开店，以及店与店之间的合理距离。

第一步，计算单店营利所需要的周边商圈内的总人口数。

比如对于某行业的某单店而言，假设周边商圈中可能会在该店消费的人群比例为20%（这个“有效消费者比例”用r表示），即每100人会有20人进店消费。再假设每人每年到该店的消费额是1000元（这个“单客年有效消费额”用m表示），则周边商圈中每百人的年消费潜力（hm）是：

$$hm=100\times r\times m$$
$$=100\times 20\%\times 1000$$
$$=20000（元）$$

再假设单店每年保本最低需要200000元流水收入（这个单店的“盈亏平衡线”用dc表示）。则这个店得以生存（不是盈利）的底线的周边人群数量（这个单店的“盈亏底线有效消费者数量”用dp表示）就是：

$$dp=(dc\div hm)\times 100$$
$$=(200000\div 20000)\times 100$$
$$=1000（人）$$

要注意的是，这个1000人只是有效消费者数量，该店周边商圈的全部人群数量（用tp表示）：

$$tp=dp\div r$$
$$=1000\div 20\%$$
$$=5000（人）$$

所以，我们最后得出的结果是，如果该店想要生存下去，即不赔不赚的话，则其周边商圈的总人口数必须至少是5000人。

但这5000的人群数量只是该店的生存所需要的最少人群。该店若要赚钱，这个数字必须扩大。

假设单店的可盈利的目标流水或总部允许的目标流水是保本流水或前述的“盈亏平衡线”的3倍（这个“盈利的流水倍率”，用pr表示），则该店最终确定的周边商圈内的人群数量为（这个“商圈最终人群数量”用fp表示）：

$$fp=tp\times pr$$
$$=5000\times 3$$
$$=15000（人）$$

结论是，如果某店要实现预期的盈利水平，则该店周边的商圈内总人口数应至少为15000人。

当然，我们还可以用上述的方法，根据该店的服务能力上限计算出该店能服务的最大人群数（这个“最大服务消费者数”用mp表示），假设为20000人。

则我们最后可以确定的是，该店的允许周边商圈人群数（这个“商圈允许人群数量”用ap表示）应该是：

fp≤ap≤mp

第二步，以顾客实际达到的时间为依据画出商圈的具体形状。

决定顾客是否来店的因素有很多，包括单店的商品、环境、服务、品牌、宣传等自身因素以及顾客的购买习惯、行业特点等外在因素，但总体来讲，决定大多数顾客是否来店的首要因素是距离。注意，这个距离不是直线距离，而是顾客以某种交通手段到达该店的时间性的距离。比如，认为顾客商圈为1000米的说法是不严谨的，更科学地是把顾客商圈定义为步行10分钟或开车3分钟。

在第一步中，我们计算出了商圈人群数量为15000人，假设该店的顾客愿意为到达花费的时间为步行10分钟，我们就可以画出该店的实际商圈形状：以店为中心，沿着到达该店的道路，向四周发散，以步行10分钟或小于步行10分钟的发散距离（因为可能的情况是，步行不到10分钟，商圈内的人群总数就已经达到15000人）为依据确定商圈的周边结束点，然后把这些点连接起来，就是该店的实际商圈形状。如图16–1所示。

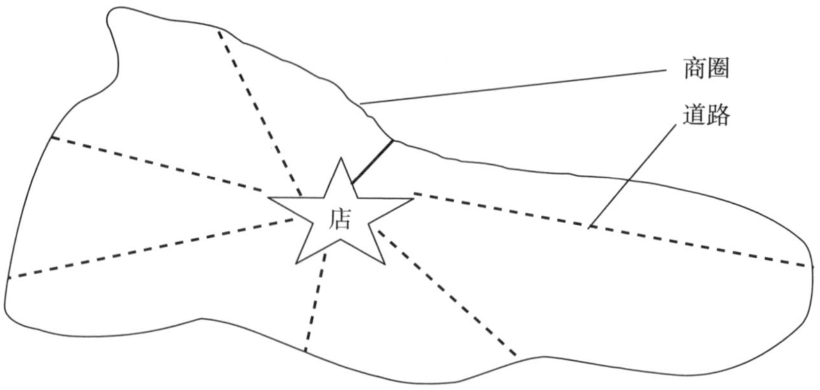

图16-1 店铺的实际的商圈形状

（1）图中虚线是实际的到店道路。

（2）每条道路的实际到店时间为步行10分钟或小于10分钟。

画出步行10分钟的商圈图后，会出现3种情况，即实际人群数（ep）大于、等于或小于前面计算或设计的15000人（fp）。这3种情况分别对应的解决措施如表16-1所示。

表16-1 店铺实际人群数3种情况的应对措施

比较	对策
ep > fp	只要不超出“最大服务消费者数”，即mp，该商圈就可以为该店的专属独占商圈；如果超出“最大服务消费者数”，则建议在附近增设一家新店，以服务一家店无法提供服务的消费者；原来店的商圈实际划分应以小于既定的步行10分钟可达距离重新划分，直到商圈内的实际人群数等于15000人
ep=fp	这是最理想的状态，该商圈即为该店的专属独占商圈
ep < fp	此时，实际的商圈内的人群数是不足的，该店达不到预先设计的盈利水平，不建议在此商圈内开设单店；或者，该单店需要采取别的手段以突破步行10分钟的距离障碍，比如开设免费购物班车、外送等

第三步，相邻店的地址确定。

确定某店的实际商圈后，下一家相邻店的地址和商圈就能随之确定了。

具体方法是，沿着上家店的商圈边缘，同样以10分钟或小于10分钟步行距离向外沿着实际道路发散，然后重复上述第二步做法，就既可以确定最合理的单店商圈，也能顺便找寻单店的合适地址了。

综上所述，按周边商圈内的总人口数与顾客实际达到的时间这两个主要指标，连锁企业就可以清晰地确定每家店的实际商圈，进而确定两店之间的实际距离了。只有如此，才能既充分利用单店商圈中的每一个消费潜力，不造成任何浪费，又不会因服务能力不足而流失顾客。

16.5 区域受许人开店数量与特许经营费用的确定

在实际经营中，许多特许人企业都会采取区域特许的方式来实现自己的快速扩张，因此，如何科学地确定区域受许人在某区域内可开设连锁店的上限数量、每年的开店数量、如何计算并收取区域受许人的特许经营费用等就是非常重要的问题。

16.5.1 确定区域内可开设连锁店的上限数量

这个数量的计算方法有很多种，下面介绍两个简单可行、易于操作的计算方法。

1. 面积计算法。

这个方法的原理就是以城市为单位，以某类型的店铺为计算模型，根据单店的商圈保护范围，计算出该城市城区可开设单店的最大数量。开店上限数量的计算公式为目标计算区域的面积除以对应城市级别的单店的商圈保护面积。如果某公司有多种类型的店面，比如面积不同的几种店面，则计算时可取其中的中间面积的店面为代表。

比如，ABC公司按城市级别、单店面积两个指标设置不同商圈保护范围（按半径的米数计算）如表16–2所示。

表16-2 ABC公司按城市级别、单店面积两个指标设置不同商圈保护范围

单店面积	省会、直辖市	省会、直辖市之外的城市	县级市及以下
旗舰店（800平方米以上）	1500平方米	2000平方米	2500平方米
标准店（400~800平方米）	1200平方米	1500平方米	2000平方米
小型店（200~400平方米）	900平方米	1200平方米	1500平方米

在计算时，我们以“标准店”所对应的商圈范围作为计算依据。

那么，某市城区面积4844平方千米，建成区面积513平方千米，假设商圈半径是1.2千米（商圈面积计算公式为$S=\pi r^2$），所以ABC公司可开设的单店的最大数量是：

$513\div(3.14\times1.2^2)\approx134$

这里不取“城区面积”，而取“建成区面积”的原因是为了对区域受许人更公平、更优惠，所以只计算目前（称为“目前计算法”），而不计算未来。实际上，某城市的区域受许人的开店上限数量是在不断增加的，对于发展速度快的城市尤其如此。但是，为了避免目前计算法给特许人带来的未来损失（因为建成区面积的增大必然会增加开店上限数量，但区域受许人却可以依据既有合同而坚持较小的开店上限数量），建议特许人给予区域受许人的加盟期不宜过长，通常可以取单店受许人加盟期的2~3倍。因为ABC公司的加盟期是3年，所以，ABC的区域受许人的加盟期就可以是6~9年。

2. 人口计算法。

这个方法的原理是以城市为单位，以某类型的店为计算模型，开店上限数量的计算公式为该城市的城区人口数量除以某类型店所能覆盖的人口数量。

仍以ABC公司为例，先来计算ABC每家单店需要多少人口来为其提供充足的客源。比如，依据科学规划，ABC公司800平方米的标准店每天平均消费人数为480人。再假设平均每家ABC单店周边人口的3%（这个数字其实也是ABC特许人在该城市的预期市场份额，这个值会因城市的不同而不同。在竞争激烈的大城市，这个值要小些；在竞争不激烈的中小城市，这个值会大些）会到店里消费，他们平均每人每周消费2次，一年的消费日按365天计算。

如果设定一年之内ABC单店周围的商圈所需要的总人次为x，则我们可列出方程式如下：

$$x\times 3\%\times 12\times 8=480\times 365$$

$$x\approx 60833（人）$$

也即每60833人的区域，就可以开设一家盈利状况不错的ABC单店。

假设某市户籍人口617.2万人，常住人口741.3万人，市区户籍人口534.4万人。保守起见，以常住人口741.3万人为计算依据，则该市可开设ABC单店的上限数量就是：

$$7413000\div 60833\approx 122（家）$$

3. 综合结果平衡。

将上述的面积计算法和人口计算法的结果比较与平衡，基本可以得出结论：ABC在该市的开店上限为113~121家。在实际之中，可以取中间值，即117家。

16.5.2 确定区域受许人每年的开店数量

作为特许人企业，总部希望或要求区域受许人在一定的时间内、以一定的增长速度完成上述的上限开店数量。比如ABC公司规定，某市区域受许人要在10年内完成117家店的开店计划，10年的开店速度增长率为每年增长35%。

假设ABC公司该市区域受许人在第一年的开店数量是x，则有如下计算方式：

$$x\times（1+1.35+1.35^2+1.35^3+1.35^4+1.35^5+1.35^6+1.35^7+1.35^8+1.35^9）=117$$

$$x=2（家）$$

同时，依次可求得后9年的区域受许人的每年新开店数量依次为3、4、5、7、10、13、18、24、31。

但考虑到特许人企业给区域受许人的加盟期是6~9年，取中间值，即8年的加盟期，则区域受许人在其加盟期内的每年新开店数量依次可以设定为2、3、4、5、7、10、13、18家。

16.5.3 特许人向区域受许人收取的特许经营费用的计算

关于区域受许人上交给特许人的特许经营费用，可以坚持加盟金一次性交纳，权益金、广告基金按周期（月、季、半年、年等）交纳，其余费用具体问题具体对待。

具体费用的计算可按如下方法进行。

1. 加盟金。

仍如上例，在8年的区域加盟期内，ABC公司在该市的区域受许人应该发展的总店数为62家。假设ABC公司给区域受许人每家单店受许人的加盟金折扣为60%（区域受许人可以以全额的加盟金给予其发展的区域内的次受许人，或自己直接投资开店，如此，区域受许人在加盟金上可以获得40%的收入），则区域受许人需要交纳给特许人的一次性加盟金为：

62×60%×72000=2678400（元）

(ABC公司“标准店”的加盟金为72000)

2. 权益金（又称管理费、特许权使用费）和广告基金。

区域受许人因为替特许人开拓市场而获得的这部分利益的分配可以有两种方式，第一种是区域受许人直接向其区域内的所有加盟店收取权益金、广告基金等费用，然后再按约定比例上交给特许人；第二种是区域内的单店受许人全部将费用上交给特许人，然后由特许人按约定比例返还给区域受许人。无论哪种方式，权益金和广告基金的计算方法都可按如下方法操作。

仍如上例，在8年的区域加盟期内，ABC公司在该市的区域受许人应该发展的总店数为62家。假设ABC给区域受许人的每家单店受许人的权益金或广告基金为60%，则区域受许人可以以全额的权益金或广告基金给予其发展的区域内的次受许人，或自己直接投资开店，如此，则区域受许人在权益金或广告基金上可以获得40%的收入。

3. 其余费用。

对于保证金，因为特许人在受许人无违约的情况下要原数返还，所以特许人可以不给区域受许人分配这个收入，当然，特许人也可以以很小的比例奖励区域受许人。

对于总部配送的物品，比如原料、设备、工具、器材等，特许人企业可以给区域受许人一个折扣，然后区域受许人再全价给其区域内的次受许人。比如，特许人给区域受许人85%，区域受许人则给其区域内的次受许人全价。

第 17 章　特许经营企业《单店选址手册》的目录模板

以下是特许人企业的《单店选址手册》的目录模板，如果是单店，直接在此目录上稍加修改就可以使用。

5.2 目标店建筑平面图

5.3 目标店所处区域具体位置图

5.4 目标店建筑物外观、室内架构照片

5.5 目标店址店内情况信息表

5.6 目标店外部情况

5.7 单店平面及周边示意图

6 店址调查表

6.1 目标店店址调查表

6.2 目标店客流量调查

6.3 竞争对手调查

7 商圈调查

7.1 商圈划分标准表

7.2 商圈的确定

7.3 商圈调查

7.4 商圈评分表

7.5 店址区位状况分析

7.6 目标顾客群调查表

8 店址信息汇总与评估

9 实际投资预算及选定合格单店

10 店面租赁洽谈记录表

11 洽谈与签约单店

11.1 租约谈判的重点要素

11.2 租约签署原则

11.3 签约前的调查

11.4 签约的内容

11.5 签约阶段的注意事项

12 单店选址审核表（《店址评估表》）

参考文献

[1] 李维华. 如何编制特许经营手册107问［M］. 北京：机械工业出版社，2006.

[2] 安德鲁·J. 舍曼. 特许经营与许可经营［M］. 李维华，黄乙峰，译. 北京：电子工业出版社，2012.

[3] 孙连会. 特许经营法律精要［M］. 北京：机械工业出版社，2006.

[4] 徐重九. 餐饮特许经营实务［M］. 北京：机械工业出版社，2005.

[5] 李维华. 特许经营理论与实务［M］. 北京：机械工业出版社，2005.

[6] 彼得·M. 伯克兰德. 特许经营之梦［M］. 李维华，陆颖男，译. 北京：机械工业出版社，2005.

[7] 安德鲁·J. 西尔曼. 特许经营手册［M］. 李维华，等译. 北京：机械工业出版社，2005.

[8] 罗伯特·贾斯汀，理查德·加德. 特许经营［M］. 李维华，等译. 北京：机械工业出版社，2005.

[9] 罗伯特·T. 贾斯蒂斯，威廉·斯莱特·文森特. 特许经营致富［M］. 李维华，等译. 北京：机械工业出版社，2004.

[10] 罗伯特·L. 普尔文. 如何避免特许经营欺诈［M］. 李维华，译. 北京：机械工业出版社，2004.

[11] 马丁·门德森. 特许经营指南［M］. 李维华，陆颖男，译. 北京：机械工业出版社，2004.

[12] 王云，侯吉建. 如何开一家成功的时装店［M］. 北京：机械工业出版社，2004.

[13] 仇一，丁浩. 如何开一家成功的餐饮店［M］. 北京：机械工业出版社，2004.

[14] 朱明侠，李维华. 特许经营在中国［M］. 北京：机械工业出版社，2004.

[15] 李维华. 企业全面资源运营论［M］. 北京：机械工业出版社，2003.

[16] 李维华. 特许经营概论［M］. 北京：机械工业出版社，新华出版社，2003.

[17] Keup E. J. 特许经营宝典［M］. 李维华，等译. 北京：机械工业出版社，2003.

[18] Ann Dugan. 特许经营101［M］. 李维华，等译. 北京：机械工业出版社，2003.

[19] 李维华. 如何制定连锁经营的操作手册［J］. 连锁与特许，2003（45）：41.

[20] 李维华. 资源观的演化及全面资源论下的资源定义［J］. 管理科学文摘，2003（2）：10.

[21] 李维华，魏法杰. 成也统一，败也统一［J］. 连锁与特许，2004（6）：52.
[22] 李维华. 特许权与特许经营费用研究.［J］连锁与特许，2004（4）：58.
[23] 李维华. 是商机还是陷阱，知识给你答案［J］. 销售与市场，2004（6）：64.
[24] 李维华，魏法杰. 发现资源［J］. 经营与管理，2004（5）：45.
[25] 李维华. 企业环境与资源运营［J］. 企业改革与管理，2004（5）：14.
[26] 李维华. “加盟”成为“放大器”的本质和条件［J］. 销售与市场，2004（7）：9.
[27] 李维华. 谨防另类欺诈［J］. 连锁与特许，2005（3）：44.
[28] 李维华. 政府特许经营的演化辨析［J］. 经济管理，2005（6）：36–37.
[29] 李维华. 特许经营的本质研究［J］. 连锁与特许，2005（6）：52–53.
[30] 李维华. 特许经营是企业拓展的有效方式［J］. 国际商务，2005（4）：80–83.
[31] 李维华. 特许经营的未来趋势［J］. 连锁与特许，2005（11）：52.
[32] 李维华. 片面的“开源节流”要不得［J］. 连锁与特许，2006（3）：12–13.
[33] 李维华. 单店盈利：不离其“宗”［J］. 连锁与特许，2006（4）：47.
[34] 李维华. 国美为什么是第一［J］. 连锁与特许，2006（7）：54.
[35] 李维华. 关于顾问咨询的九个误区［J］. 连锁与特许，2007（8）：54–56.
[36] 李维华. 警惕加盟商对特许人的欺诈［N］. 中国商报，2006–07–14（6）
[37] 李维华. 给成都小吃的特许经营的几点建言［N］. 华夏时报，2007–07–30（21）.
[38] 仇一主. 一个餐饮帝国的梦想（内刊）. 重庆小天鹅集团，2003.2
[39] 贺昆. 克隆名店——特许经营的投资与管理［M］. 北京：新华出版社，2003.
[40] 赵涛. 特许经营管理［M］. 北京：北京工业大学出版社，2002.
[41] 周建. 战略联盟与企业竞争力［M］. 上海：复旦大学出版社，2002.
[42] 赵盛斌. 连锁经营管理实务［M］. 深圳：海天出版社，2001.
[43] 申光龙，寇小萱. 论企业的资源外取战略［J］. 天津商学院学报，2001（1）：26.
[44] 罗珉编. 资本运作：模式、案例与分析［M］. 成都：西南财经大学出版社，2001.
[45] 王霖编. 特许经营［M］. 北京：中国工人出版社，2000.
[46] 蔡明烨. 商店、连锁店、超市经营规划和作业设计［M］. 上海：上海三联书店，1999.
[47] 王利平. 连锁商店经营与发展［M］. 北京：中国人民大学出版社，1999.
[48] 成栋编. 连锁商店计算机管理系统［M］. 2版. 北京：中国人民大学出版社，1999.

[49] 陈东升，等. 资本运营［M］. 北京：企业管理出版社，1998.

[50] 江景波，等. 网络技术原理及应用［M］. 上海：同济大学出版社，1997.

[51] 杰克 · 吉多，詹姆斯 · P. 克莱门斯. 成功的项目管理［M］. 张金成，等译. 北京：机械工业出版社，2001.

[52] 波特尼. 如何做好项目管理［M］. 宁俊，等译. 北京：企业管理出版社，2001.

[53] 马丁 · 所罗门. 培训战略与实务［M］. 孙乔，任雪梅，刘秀玉，译. 北京：商务印书馆国际有限公司，1999.

[54] 格里 · 约翰逊，凯万 · 斯科尔斯. 公司战略教程［M］. 金占明，贾秀梅，译. 北京：华夏出版社，1998.

[55] Gerry Johnson，Kevan Scholes. Exploring Corporate Strategy［M］. Prentice Hall, 1993.

[56] J. Ward.Productivity Through Project Management：Controlling the Project Variables, Information Systems Management［M］. Winter：1994.

[57] H. Thamhain. Best Practices for Controlling Technology-Based Projects［J］. Project Management Journal，1996（11）：38.

[58] Dr. Timothy Bates. Franchise Startups：Low Profitability and High Failure Rates［J］. EGII News，1993（11）：9.

[59] 李维华. 加盟失败，不应让特许模式背“黑锅”［N］. 中国商报，2007-09-21（5）.

[60] 李维华. 潜在加盟商“长短脚”：放弃，还是争取［J］. 销售与市场，2007（10）：28-30.

[61] 李维华. 草根选址十大法则：低成本圈定好店址［J］. 销售与市场，2007（11）：39-41.

[62] 李维华. 不要做杀兄弟的皇帝［N］. 中国经营报，2007-10-15（C03）.

[63] 李维华. 盟主变脸有玄机［N］. 中国经营报，2007-10-29（F02）.

[64] 李维华. 1万还是100万：收多少加盟金合适［J］. 销售与市场，2008（1）：78-80.

[65] 李维华. 国美在胡润富豪榜上的更大失败［J］. 连锁与特许，2008（3）：44-45.

[66] 李维华. 2008中国特许经营十一变［J］. 连锁与特许，2008（1）：17.

[67] 李维华. 老字号需系统变革［J］. 中国品牌，2008（5）：76.

[68] 李维华. 加盟商欺诈总部的七种套路［J］. 销售与市场，2008（3）：62-64.

[69] 李维华. 加盟洗衣店如何防止欺诈［J］. 连锁与特许：2008（10）：22-23.

[70] 李维华. 抢他的种子，还是帮他种地——如何对待困顿加盟商［J］. 连锁与特许，2008（11）：34–35.

[71] 李维华. 加盟商开业前的培训［J］. 连锁与特许，2009（1）：60.

[72] 李维华. 加盟招商三策论［J］. 连锁与特许，2009（4）：58.

[73] 李维华. 如何确定区域加盟商开店数量与特许经营费用［J］. 对外经贸实务，2009（8）：50–51.

[74] 李维华. 特许经营，模式无定［J］. 中国连锁，2011（2）：104.

[75] 李维华. “危机”时期如何招商［J］. 财富人物，2011（1）：86–87.

[76] 李维华. 如何编制特许经营手册［J］. 财富人物，2011（2）：86–87.

[77] 李维华. 加盟和直营，哪个更赚钱［J］. 财富人物，2011（2）：88–89.

[78] 李维华. 店老板的六个飞跃［J］. 财富人物，2011（3）：86–87.

[79] 李维华. 以“模式无定”来创新特许经营［J］. 企业活力，2011（3）：5–27.

[80] 李维华. 模式无定——正确看待特许经营［J］. 市场研究，2011（5）：37–38.

[81] 李维华. 大学教育和社会培训之比较分析［J］. 高等教育改革理论与实践探索，2013（1）：52–55

[82] 李维华. 中国特许经营大趋势［J］. 企业管理，2013（12）：6–9

[83] 李维华. 叫停“为招商而招商”［J］. 财富人物，2014（1）：87.

[84] 李维华. 庆丰包子铺加盟问题不少［J］. 中国商界，2014（2）：26.

[85] 李维华. 从笔谈到面谈，让招商咨询成功率翻倍.［J］. 财智—医学美学美容，2014（4）：56–57.

[86] 李维华. 中国特许经营未来25大趋势（一）［J］. 财富人物，2014（3）：82–84.

[87] 李维华，等. 单店软性复制即培训的组合式考核体系. 时代经贸［J］.2014（4）：46–47.

[88] 李维华. 浅尝辄止是失败的最大根源［J］. 商界评论，2014（11）.

[89] 李维华. 先读懂中国市场［J］. 商界评论，2015（3）：131–132.

[90] 李维华. 中国特许经营市场的“维华加盟指数”[C]. 2015第二届中国法商管理创新学术年会论文汇编，2015（12）：110–116

[91] 李维华. 两创四众下的特许经营新走势［J］. 汽车维修与保养，2018（7）：100–101.

[92] 李维华. 如何打破招商“危机”［N］. 中国经营报，2009–1–19.

[93] 李维华. 借鉴美国连锁企业经验，看中国汽车后市场走向何处［J］. 汽车维修与保养，2020（5）：84–86.

[94] 李维华. 从“店”到“点”的根本转变. 销售与市场［J］. 2020（10）：72–73.

[95] 李维华. 退市：狗不理的失败不仅仅是价格贵［J］. 销售与市场，2020（12）：72–74.

[96] 李维华. 大数据下，中国特许人和受许人的特许经营合同纠纷真相警示（上）［J］. 汽车维修与保养，2020（258）：86–88.

[97] 李维华. 大数据下，中国特许人和受许人的特许经营合同纠纷真相警示（下）［J］. 汽车维修与保养，2020（259）：87–88.

[98] 李维华. 地摊经济与特许经营的那些事儿［J］. 销售与市场，2020（7）：72–73.

[99] 李维华. 退市：绝佳机会下的“报复性”特许经营该如何做［J］. 销售与市场，2020（16）：90–91.

[100] 李维华. 跟我这样做，破局加盟失控. 销售与市场［J］. 2020（20）：82–85.